大地に生き人々に育てられて
ふり返れば保健婦の道

今野 勝子

① 蛇田村の保健婦として（1953年）
② 東北産婆看護婦学校（1936年）
③ 石巻市国民健康保険課の保健婦たちと（1962年）

序

　生命を全うできずに死亡した人に直面した時，私たちは深い悲しみを抱くとともに死亡の原因をあれこれ考えます．たとえ手を尽くした治療が行われたとしても，人々の気持ちが晴れることはありません．「死」という事実を覆すことはできないからです．
　人々は，長い間悲しみを耐えた歴史の中から，死に至るさまざまな原因を取り除くことが大切であると認識し，予防のための知識や技術を身につけた専門職の養成に力を注ぎました．また，社会の共通の課題として"いのちとくらしを守る"施策を行う国の責務を明らかにし，国民の権利として"公衆衛生"の法文化を行いました．憲法25条は真にこの法律であり，保健師という職種の存在根拠でもあります．
　しかし，最近この考え方が大きくゆらいでいます．人々が生命をかけて築いてきた"公衆衛生の灯"を，国は「健康施策をあれこれする時代は終った．国民要求が多様化し生活大国になった現在，国民の自由な選択で自主的に健康を守ることが望ましい」と主張し，"公衆衛生の第一線機関"である保健所を大幅に統廃合しました．
　また，保健師の仕事も地域を基盤にすべての人々を対象とする活動から，個別のみを対象とした活動に変えられています．「住民参加」は当然と言われる時代を迎えながら，実際には創意工夫を生かした地域の人々との，生き生きとした保健師の公衆衛生活動は逆に失われつつあるのです．保健師の仕事は今非常に形式化し，管理的

になっています.

　私たちはこのような現状に大きな危機感を抱いています．なぜなら多くの人々が心や体の疲労を訴え，たくさんの人々が病気予備軍の生活を余儀なくされている実態があるからです．保健師はおせっかいと言われても，住民の人たちが辛い思いや，悲しい思いをすることが予測されれば，たとえ声は出されなくても知らぬふりはできません．

　60年を越す保健師活動のあゆみは，決して恵まれた状況にはなく，困難な道程ではありましたが，疾病の予防活動にひたすら邁進し，国民の健康水準を世界的にも高いレベルに引き上げる原動力になりました．私たちはこのような先輩たちの血のにじむような努力に，大きな尊敬と誇りを抱いています．

　そして，公衆衛生や保健師のあり方が大きく揺らいでいる今，先輩のすぐれた実践から保健師活動を学ぶことが緊急の課題と考え，『予防活動に生きる』シリーズの出版を企画し，先輩諸姉に執筆をお願いしました．私たちの要望に快く応えて下さった諸先輩に心からお礼を申し上げたいと思います．

　私たちはこのシリーズを含め，先輩の資料を収集・保存し，学習ができる場として，全国の保健師たちの奮闘で『保健婦資料館』を建設しました．現在に生きる私たちには，この先輩の汗の結晶を20世紀の大切な遺産として，21世紀に繋ぐ役割があります．"確かな保健師のあり方"の過去と未来を結ぶものとして，『予防活動に生きる』シリーズが貴重な資料になることも期待をしています．

　今後『予防活動に生きる』シリーズが，人々の"いのちとくらしを守る"保健師活動の源になれば幸いです．

　　　　　　　　　　　　　　　全国保健師活動研究会
　　　　　　　　　　　　　　　（自治体に働く保健師のつどい）

目　　次

序 …………………………………………………………… 3
はじめに …………………………………………………… 11

Ⅰ．私のあゆみ　今野　勝子 ……………………………… 15
1．貧困のどん底で ………………………………………… 17
　1）私の生い立ちと我が家 ……………………………… 17
　2）村も冷水害続きで打ちのめされていた …………… 20
　　(1)煙に燻され，屋根のない便所で排泄 …………… 21
2．産婆の資格を取る ……………………………………… 25
　1）産婆の弟子に入り養成所に通う …………………… 25
　2）妊産婦と出会う ……………………………………… 28
　　(1)安産祈願の胞衣祓い ……………………………… 28
3．隣保館事業，東北更新会事業 ………………………… 32
　1）隣保協会保育園児の相談 …………………………… 32
　2）東北更新会蛇田村分会の保健婦となる …………… 34
　3）東北更新会蛇田村分会の事業 ……………………… 36
　　(1)トラコーマ検診と洗眼 …………………………… 36
　　(2)寄生虫駆除と予防指導 …………………………… 37
　　(3)栄養改善講習会 …………………………………… 39
　　(4)乳幼児の保健指導…嬰児籠廃止に向かって …… 41
4．師匠「今野ひで」の養女となって …………………… 52
　1）先生の身辺を襲った転機 …………………………… 52
　2）今野ひでの人柄から学ぶ …………………………… 53

3）保健婦，保育婦，保育指導員の講習 …………………… 55
　　4）看護婦の資格取得，そして結婚 ………………………… 57
5．国民健康保険組合の保健婦となる ………………………… 59
　1）母性補導員を設置して村の生活に動かされた保健婦活動 61
　2）戦時下での活動 ……………………………………………… 63
　3）伝染病発生を追いかける …………………………………… 67
　　(1)マラリア ……………………………………………………… 67
　　(2)ジフテリア・百日咳 ………………………………………… 67
　　(3)腸チフス ……………………………………………………… 68
　　(4)発疹チフス …………………………………………………… 69
　　(5)ワイル氏病 …………………………………………………… 70
　　(6)結核 …………………………………………………………… 71
6．国民健康保険組合が公営となる …………………………… 71
　1）母性の保健意識高揚を図るために母親学級を開設
　　　母親たちを組織化して母性クラブ連合会結成へ ……… 72
　2）保健補導員を設置して協力を得る ……………………… 76
　3）県は市町村保健婦を県職員に「併任措置」を取り，結核
　　　訪問指導をさせる …………………………………………… 77
　4）母性クラブ活動での思い出 ………………………………… 78
　　(1)保健相談室を確保して健康相談に応じる ………………… 80
　5）恐ろしい妊産婦の異常に出合って ………………………… 82
　6）母子保健活動 ………………………………………………… 84
　　(1)ワ氏反応陽性の妊婦のこと ………………………………… 87
　　(2)股関節脱臼の乳児のこと …………………………………… 87
　7）幼児健診と実態調査 ………………………………………… 88
　8）闇のような精神保健活動 …………………………………… 90
7．養母「ひで」の死と「保健婦」の選択 …………………… 93
8．石巻市国民健康保険の保健施設 …………………………… 94

1）保健婦活動への新しい課題に対応して ……………… 94
   （1）チリ地震津波被害地活動 ……………………… 94
   （2）二局長四課長通牒で共同保健計画の推進 ……… 96
   （3）宮城県国保団体連合会指導保健婦，梅原ひささんの退
      職 …………………………………………………… 97
   （4）保健婦業務測定と効果判定 …………………… 98
  2）新任保健婦とともに ……………………………… 99
 9．私の保健婦活動を導いてくれた人々 ………………… 100
  1）宮城県国民健康保険団体連合会と指導保健婦梅原ひささ
      ん ……………………………………………………… 100
  2）蛇田村村医鈴木甲司先生（産婦人科医師）……… 103
  3）女子青年団による母性補導員の発足と斎藤せつ子さん 104
  4）母性クラブに参加した母親たち ………………… 107
 10．出合いがすべて私の学びでした ……………………… 110
  1）定年，そして新しい出合い ……………………… 110
   （1）石巻市農業協同組合の嘱託保健婦 …………… 110
   （2）新生児訪問指導 ………………………………… 113
   （3）ヘルパーさんと出合う ………………………… 114
   （4）JA石巻市女性部のエルダーミセス（みのり会）……… 115

あとがき ……………………………………………………… 116

年表　私の歩んだ道 ………………………………………… 119

II．母の歩んだ道　今野　久子 …………………………… 127
 1．祖母ひでと母 …………………………………………… 129
 2．父と母のこと …………………………………………… 131
 3．厳しく，たくましく，明るい子育て ………………… 133

4．母がひたすら創り続けた保健婦の道 ………………… 135
Ⅲ．座談会 ……………………………………………… 139
　　　　今野勝子姉を先頭に，ともに築いた石巻市の保健婦活動
出席者の自己紹介 ……………………………………… 141
苦労の多かった地域活動，体力が勝負の時代 ………… 142
全戸訪問を活動の基本に据えて　肝ジストマや牡蠣・ホヤ喘息
　に取り組む …………………………………………… 147
先駆的だった精神衛生の仕事を計画的に進めて保健婦の増員へ 151
時には栄養士，歯科衛生士の仕事も医師会との調整も大切にし
　て ……………………………………………………… 153
退職まで現場活動を続ける公的サービスのできる保健婦を育成 156

Ⅳ．資料編 ……………………………………………… 161
国保と共に30年　今野　勝子 ………………………… 163
国保創設時代 …………………………………………… 163
　（1）昭和初期農漁村のくらし ……………………… 163
　（2）国民健康保険創始時代〜産業会医療利用組合代行 …… 164
　（3）東北更新会成立 ………………………………… 164
　（4）国民健康保険法制定と施行 …………………… 165
　（5）震嘯記念館と隣保共済事業 …………………… 167
　（6）宮城県の母子衛生概況 ………………………… 168
　（7）宮城県における最初の保健婦講習会 ………… 169
　（8）体力手帳 ………………………………………… 172
　（9）戦時体制下の保健婦活動 ……………………… 172
　（10）国民健康保険組合保健施設と国の対策 ……… 173
昭和20年から30年にかけて …………………………… 175
　（1）伝染病の発生と予防接種 ……………………… 175
　（2）母子衛生模範地区 ……………………………… 177

（３）国民健康保険の保健婦に対する国庫補助交付 ………… 178
　（４）国民健康保険組合を市町村公営事業とする原則が成立す 179
　（５）国保直営診療所と保健活動 ……………………………… 179
　（６）国保の財政と保険料の徴収 ……………………………… 179
　（７）国民健康保険の保健婦会を結成 ………………………… 180
　（８）国保保健婦講習会 ………………………………………… 180
　（９）国保の保健婦数と国庫補助 ……………………………… 180
　(10)町村合併促進と保健婦主任制 …………………………… 181
　(11)国保中央会主催の保健婦研修会 ………………………… 181
　(12)国保保健婦を県職員に併任の措置をする ……………… 182
　(13)保健婦の制服，訪問鞄について ………………………… 183
　(14)保健活動業務について …………………………………… 184
昭和30年から40年にかけて ……………………………………… 189
　（１）保健婦の給費養成 ………………………………………… 189
　（２）厚生省及び国保中央会主催による国保保健婦講習会 … 189
　（３）国民健康保険の県民皆保健達成記念式 ……………… 189
　（４）市町村国保特別委員会 ………………………………… 190
　（５）支部代表保健婦打合会 ………………………………… 191
　（６）共同保健計画について ………………………………… 192
　（７）県の機構改革と指導保健婦 …………………………… 193
　（８）保健婦業務の測定と効果判定 ………………………… 194
　（９）東北国保保健婦研究会 ………………………………… 195
　(10)諸検診に伴う保健婦業務の拡大 ……………………… 195
昭和40年代 ……………………………………………………… 196
　（１）国保施設活動と公衆衛生行政 ………………………… 196
　（２）身分の一本化について ………………………………… 196
　（３）婦人労働と出稼ぎ ……………………………………… 197
　（４）国保保健施設活動と地区の協力組織 ………………… 198

（5）臨床看護実習 …………………………………… 198
 （6）精神衛生活動 …………………………………… 199
 （7）へき地医療について …………………………… 202
 （8）主任保健婦の研修 ……………………………… 202
 （9）国保保健婦活動に対する県費補助 …………… 203
 （10）国保保健婦の国庫補助要綱変る ……………… 203
 （11）成人病対策すすむ ……………………………… 204
 （12）こどものむし歯対策について ………………… 205
 （13）心身障害児問題とのかかわりについて ……… 206
 （14）保健婦問題対策委員会およびこれからの保健婦とその活
　　　動 …………………………………………………… 207
 （15）保健所の機構改革について …………………… 211
 （16）これからの地域保健の担い手として ………… 212

乳幼児の保健と母性教育について　今野　勝子 ……… 213
年表 …………………………………………………………… 220
おわりに ……………………………………………………… 226

　　　　　　　　　　　　　　　　　　　題字　今野勝子

はじめに

『なぜ保健婦は必要とされ，どのような活動をしてきたのか』

　1991（平成3）年に宮城県の松島で開催した「第12回東北地区自治体に働く保健婦のつどい」での，今野さんの記念講演『私の保健婦活動』は圧巻でした．

　1919（大正8）年に蛇田村に生まれ，若くして助産婦の資格を取得した今野さんは，保健婦の誕生期に身分や給料の保障もない中，ひたすら村民のために戦前，戦中を献身的に働きました．戦後は村，合併後は石巻市の国保保健婦として，保健事業の創設と定着化，地域の保健活動の組織化のために，また，保健婦活動の確立や後輩の指導のために身を粉にして働きました．74歳の今も農協の保健婦として元気に活躍をされている今野さん，実に半世紀を超す保健婦人生をあゆまれた今野さんの記念講演は，とてもとても短文では表現できない，ずっしりと心に響くものでした．

　私は今野さんの話を聞かせていただいて，今野さんのあゆみを表現するのであれば3部作の長編になるだろうと思いました．

　男性優位の社会の中で唯々働き続け，子供を育て，夫や親に仕えなければならなかった私たちの母親の世代．この母親たちと苦労を

共にし，厳しい労働に耐えた保健婦の存在を記録に遺すことは，母親への鎮魂にもなると思いました．今野さんの話を聞いているうちに，今野さんがだんだん母親に近い存在に見えてきたのです．

そして，今野さんのあゆみは，昭和という激動の時代に生き，職業を持って活動をした女性の歴史でもあり，女性史の視点からもぜひ遺していかなければならないと考えました．

記念講演での思いを抱きながら，しばらく年月が過ぎたある日，記念講演を企画した石巻市役所の保健婦関谷敏子姉に，今野さんのあゆみを1冊の本にしたいと依頼をしたところ，今野さんは「普通に仕事をしただけで，本にするような内容はない」というお話でした．それでも無理にお願いをして，今野さんに保健婦活動のあゆみをお話しいただき，テープに吹き込んだものを文章化する作業を行いました．この作業を行いながらも，「このような長期にわたる歴史を，私たちの手でまとめることができるだろうか，プロの人に綴ってもらうべきではないか」という思いがありました．

しかし，私たちの作業の遅れを気にした関谷姉に尻をたたかれ，テープ起こしの原稿を今野さんにお送りしたところ，「原稿を書きます」というご返事をいただきました．テープ起こしの原稿がきわめて不十分であったのだと思いますが，80歳になる今野さんが原稿を書いて下さることへの感謝とともに，「ああ，これで何とか本づくりの見通しができた」とほっと胸を撫でおろすことができたのです．

この結果，今野さんのあゆみは，全文今野さん自らの手によって綴られることになりました．再利用の用紙に書かれた原稿を今野さんから送っていただきワープロ化してお返しする，この作業をくり返すうち2年が経過しました．この間今野さんは，何度も何度も読み返されて手を加えて下さいました．また，この中で今野さんは，戦前の初期における保健婦の研修のテキストや講習修了証，俸給辞

令等々，当時の保健婦がどのような状況にあったのか，文章に添える歴史的な資料をたくさん保管されていました．これはラッキーなことで，これ等の資料の全部を今野さんは「保健婦資料館」に寄贈下さいました．

多くの保健婦の方々が「捨ててしまった」と言われる中で，『なぜ保健婦は生まれたのか，どのような活動が望まれ，どのような講習が，だれの手によって行われたのか』などを，科学的に考証する資料を長期に保管されていたということは，現在から過去を検証し，未来を展望する貴重な資料になるものです．このことについても今野さんには本当に感謝でした．今後多くの保健婦たちが，『保健婦という職種の存在意義』をこれを通して学習できると確信しています．

以上に加えて，今野さんの原稿を読ませていただきもっとも感動したことは，住民のくらしの実態や，こころの動きを一部始終しっかり把んでいることと，地域の人々のくらしや健康の悩みに共感し，受けとめ，自分はどちらの立場にいるのかを考え，行政に立ち向かっていることです．

今野さんの文章を読むと，住民のその時その時のくらし向きや，これに対応する保健婦の気持ちが，手に取るように見えてきます．そして，今野さんの活動には，揺るぎのない『保健婦としての姿勢』がありますから，1つ1つの活動と保健婦としての役割が明確になっています．

『どうしたらよいか迷った時には，住民に相談をし意見を聞く"』『常に住民に依拠した活動を続けていれば，必然的に保健婦のやるべき活動が見えてくる』，これは保健婦の活動として非常に重要なことだと思いますが，保健婦の創世記から今野さんは実践されていたのです．

『地域にくらす人々がいるから，保健婦もいる』，今野さんは自分

のあゆまれた活動を通して，理屈抜きで私たちにこのことを教えて下さったと思います．
　今野さんお疲れ様でした．ありがとうございました．
　ご協力いただいた石巻市の元保健婦，関谷敏子，葭島洋子さん，現職の長沼貞乃，辺見美恵子さん，ワープロを担当した江東区の保健婦山本民子，絵を担当した山本訓子さん，いよいよ発行できますね．皆様にも心より感謝申し上げます．

全国保健師活動研究会
事務局　菊地頌子

I．私のあゆみ

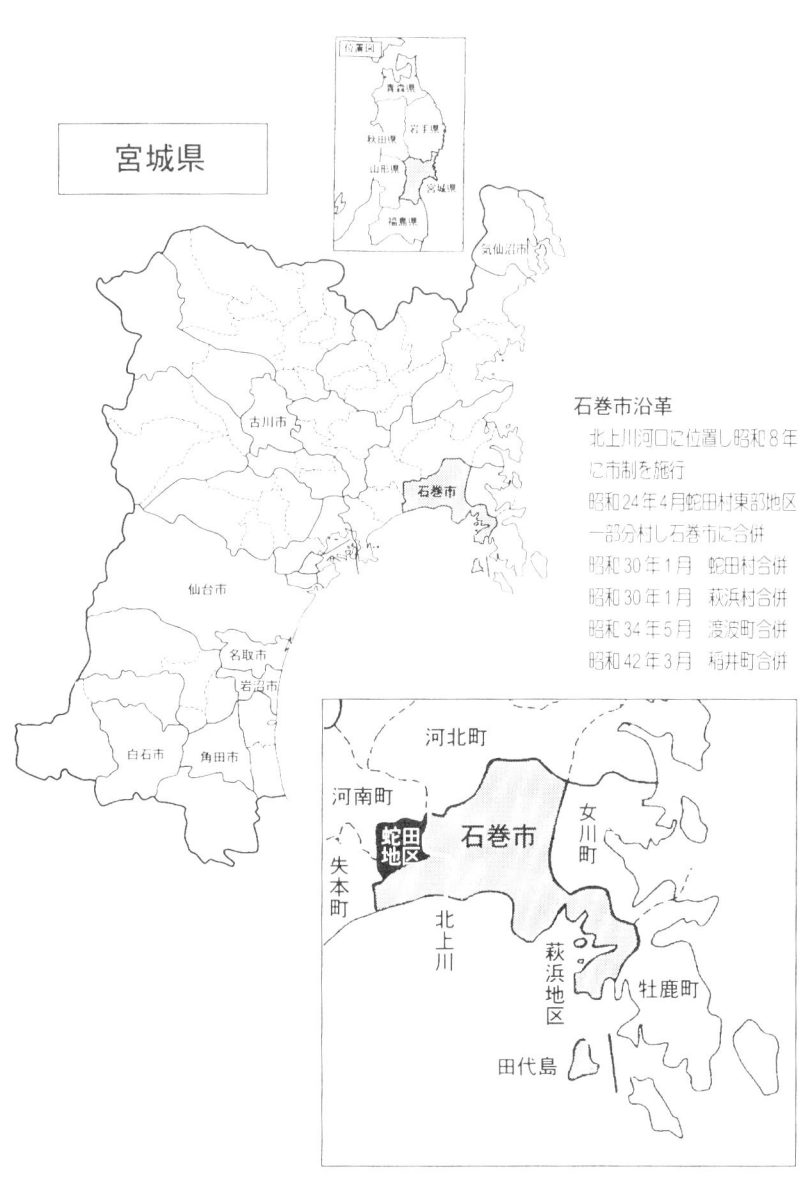

宮城県

石巻市沿革
北上川河口に位置し昭和8年に市制を施行
昭和24年4月蛇田村東部地区一部分村し石巻市に合併
昭和30年1月　蛇田村合併
昭和30年1月　萩浜村合併
昭和34年5月　渡波町合併
昭和42年3月　稲井町合併

1．貧困のどん底で

1）私の生い立ちとわが家

　私は1919（大正8）年宮城県蛇田村（現石巻市）の貧乏暮らしだった小作農家の，3人姉妹の末っ子として生まれました．
　当時は村全体の暮らしが貧困だったので，他人の家の暮らしがうらやましいなどと感じなかったし，自分の暮らしに不満を抱いたこともありませんでした．大きな広い屋敷の奥のほうにりっぱな家が建っているのを見ても，どんな人が住んでいるのか気になるでもなく，小学校高学年になって甥や姪を背負って田んぼを往来するようになってから，何となく眺めるようになっただけでした．
　それでも，年の暮れ近くになると，筵を敷いた私の家の茶の間に，見知らぬ男性（実は借金取りだった）が黙って座り，炉端の手前側にきちんと座った母親が，首をうなだれて言い訳をしていた姿は，今も目に浮かび忘れられません．
　家の田んぼはわずか3反歩で，米を作っても冷害にあったり，地質もよくない沼地だったので収穫量も少なく，地主への年貢米（土地の借代として）を納めた後は，家族が1年間食べることもできない量でした．このため近所や親類の家に笊を持ってお米を借り歩いたり，母の野菜の行商での売上金で，お米を1升，2升と買ってくる生活でした．

父は村にある2つの神社の社掌を勤める神官でした．若い20代のころ，蛇田小学校で漢学を教えたことがあり，この時教えられた生徒の1人が，1940（昭和15）年に私の養母となった「今野ひで」です．

　この父は農業にはまったく携わることがなく，着物に白い帯を締め，袴をつけて出かけることが時々ありました．裁判所や郡役所に出入りがあり，弁護士や医師との交流もあったようで，人力車で弁護士が訪ねてきて，あの筵の上にゴザを敷き，母が茶をすすめることがありました．他人の世話や相談事で外出していたのではなかったかと思います．神社の総代の人やお世話役が，りっぱな身支度でたびたび来て相談話をしていました．今考えると，あばら屋の筵敷きのところによく座ってくれたものだと思います．

　父は1927（昭和2年）年に脳卒中で倒れ，3年後に死にましたが，発病後2年ぐらいは漢文の書物を机の上に開いて見ていました．姉と私にこの漢文を読ませるのに，火箸で字を指しながら教えてくれました．姉がすいすいと読み終えると次は私が呼ばれるのですが，嫌がって私が逃げ回ると，火箸を持ったまま不自由な足を引きずって，追いかけて来たことを覚えています．母はこれを見ても，決して私をかばったり叱ったりはしませんでした．

　最後の1年は父は寝たきりになりました．母は父の体を拭いたり下着交換の世話を，私たちの目に触れさせず1人でしていました．行商の帰りに母は香水など買い，寝室に振りまいて悪臭を消すなどして看護をしていましたが，母の父に対する愚痴は1度も聞いたことがありません．

　父の烏帽子，束帯，直垂（まと）を纏って，祝詞（のりと）を唱えていた最後の姿を見たのは埋葬の時の棺の中です．酒好きだった父が顔を赤らめて，母や上の姉に理屈っぽいことを言っていたことを思い出します．金もないのに，客と酒を汲み交わすことのつらさがあったのかと，かっ

てに推測するこのごろです．

　母は女手1人で田んぼを耕していました．わずかな田んぼとはいえ重労働ではなかったかと思います．家のまわりは畑で，母は野菜を作って，できた野菜を台八車に積み，北上川の河口近くまで行商にも出ました．いつも股引きをはいてキリッとした身仕度だったので，町の人に「股引きさん」と呼ばれ親しまれていました．

　私は小学校に入ったころ，朝5時に起き，寒い日も台八車の後を押して母の行商を手伝い，その場所からカバンを背負って学校に通いましたが，私が5歳の時，上の姉が婿養子を迎えましたから，母の田んぼの仕事は，義兄のお陰でかなり楽になったと思います．

　それでも，白く霜の降りた初冬の寒い朝，物音に目覚め外を見ると，破れた雨戸の隙間から，作業場の軒下に提灯の明りがともり，千把扱きで稲扱きしをしている母の姿がありました．今なら機械でたちまち籾になりますが，当時は籾のついた稲を1把みずつ千把扱きの歯の上に並べて，ザリーッザリーッと音をさせて扱き下ろしました．

　母のあの姿，あの音は，今も目や耳に残っていますが，子どもの私は，冷たいだろうなと思いつつ，ごく普通の母の姿として見過ごしていたのです．母は落ちぶれた家の生まれで，弟妹たちの面倒を見るため小学校には入らず，親を助け，暮らしを支えるため，13歳ごろから男たちに混じって土工の仕事をしたそうです．私も姉たちも母から厳しく叱られたり，勉強を強いられることは1度もなく，また，ほめそやされることもありませんでした．しかし，過ちに対しては厳しく絶対許してくれない人で，男勝りと言われたしっかり者でした．

　私が小学校のころ，裁縫の時間があり，母の単衣を縫い上げた時のことです．母に目立たないくらいの小さなまちがいを見つけられました．私はこの程度ならそのままでいいと思っていたら，母は

「全部ほどいて縫い直せ．人前で着られないよう縫ったのは許せない」と言い，何を言ってもぜんぜん聞いてくれないのです．泣きながら全部縫い直しましたが，母から「直したか」と一言静かに言われた時は，母の温もりを強く感じ，よかったなあと思いました．

母は行商中は父の看護を姉たちに言いつけ，家に帰ると仕事をしながら1人で父の世話も，病室の掃除もしていました．私も側で寝ていたので，母の父に対する優しい心遣いを見ていました．60歳になってからは行商も辞め，86歳で病臥するまで自立生活をして，心身ともに丈夫な母で，隣近所で病人が出たと聞くと，その家族といっしょに心配し，看病を手伝っていました．

私の幼いころは母に甘ったれだったようで，姉は「勝子は末っ子だから母ちゃんは甘やかしているんだ」と言っていました．自分では甘えたような気はしないのですが，姉が冬の寒い朝水でしぼった雑巾で縁側を拭いていた時，母から「おめいも拭けよ．眺めていないで」ときつく言われたことがあり，振り返って見ると，やはり私は甘えっ子だったのかもしれないと思います．

2）村も冷水害続きで打ちのめされていた

私の小さいころの村の暮らしと言っても，隣近所や親類などのことだけですが，とにかくみんな貧しかったと思います．私が何度も聞かされた母の話の1つに，次のような話がありました．……私が生まれて間もないころ，北上川の堤防が決壊して洪水に見舞われ，私たちは寺の本堂に避難したそうです．そこに小舟を竿で漕ぎ握り飯を運んで来た人々がいて，私たちは泣きながら食べたそうです．家を失った他の人たちは縁の高い家々に避難し救助されたと聞きました．……母がこの話を何度もするのはさぞかし有り難くて忘れられなかったからだと思います．

洪水で農作物も壊滅状態になり，さらに冷害が追討ちをかけ，暮らしはますます苦しく，借金もかさむばかりでした．家の修理もできない生活環境だったと記憶に残っていますが，冷水害が続いた村全体が，逼迫した経済状態ではなかったかと思います．

(1) 煙に燻され，屋根のない便所で排泄

村の家は大方萱茸き，藁茸きの屋根でした．古くなると萱や藁は風に吹き飛ばされ，ぽつぽつと穴が開き，雨が降ると家の中に雨漏りするので，雑巾をタライに入れて雨漏りを受けます．囲炉裏には松や杉の枯葉，もみ殻や藁，豆の枯れ枝，麦わらなどを炊いていたので，蜘蛛の巣の張った屋根裏に燃えかすや煤煙が立ちのぼり，蜘蛛の巣にねばりついていました．それがだんだん厚さを増して重くなるとぶらさがってきて，これが雨の日などは湿って床にばさっと落ちてきます．

このような生活だったので，どこの家の子も煙に燻された目を汚れた手でこすり，目の周囲は赤くただれ，目やにはくっつき，手は霜焼け（凍傷）で腫れたところが裂傷となり血が滲み出ているといった状況でした．汚れた手ぬぐいを裂いて傷に巻きつけ，そのまま何日も経つとべっとりと血がこびりつき乾いてくる．患部が黒くなって，巻いた布がなかなかほどけないのです．

1928（昭和3年）年に電灯がようやくつきました．それまではランプ生活で，夕方になると子どもたちはランプのホヤを磨き石油を注いで，母や姉の夕食の準備を待ちました．

そのころの生活では，井戸水が飲めない金気水（鉄分が多かったのか赤茶色の水）のところがあり，杉葉，砂，砂利，雑木，木炭などを重ねた大きな桶で濾過し，下の楔を抜くと，綺麗な水が流れ落ちるようになっていて，それを飲んでいました．

幸い私の家の井戸水はきれいだったので，近所の家からも天秤竿

に手桶をひっかけ，もらい水で担いで行く人もありました．近所とはいえ200メートルも離れているので，年老いた人や子どもたちには難儀な作業だったと思います．風呂の水も毎日新しく汲み替えることができず，6人も8人もの家族が入った湯を，2日も3日も沸かし返すので，しまいには体の表面に水垢がつくようになります．むしろ入らないほうがよいと思いつつも，寒いので暖まりたくて入ってしまいました．

　トイレはただ土を掘って2枚の板をはめるだけで，いくらか気配りのいいところでは，大きな樽を埋めて板を渡していました．屋根のない野ざらしの状態で，四方に柱を立てあちこちに横板を張って，入口には筵をぶら下げました．大雨が降ると便壺からあふれ出てくることがあり，畑の真ん中に大きな桶が埋まっていて，そこに便壺に溜まった便を汲み溜めて発酵させ，それを肥料として田畑に振り撒いていたのです．

　トイレで使う紙は古雑誌か古新聞ですが，藁を10cmほどに折り重ねたものを箱に入れて，これを使って用便後の始末に用いた家もありました．

　牛馬は農家にとって大事な労働力だったので，飼育には気を使っていました．飼料は米糠，じゃがいも，干した大根の葉などを配合して与えました．牛馬小屋には藁を敷いて踏ませ，それを積み重ね堆肥にします．積み重ねた堆肥に雨が降って，その水が流れ出ると周囲に溜まって臭く，ウンカやハエ，ボウフラが涌き，人の足音がするといっせいに飛び立ちます．このような生活から伝染病もよく発生していました．

　私の生家の前は道路でしたから，馬車，牛車，荷車が通るのがよく見えました．その中に人力車に幌をかけた寝台車と，その後から髭をはやした着物姿の医師（日野先生）が人力車で朝早く通ることがありました．私の家からあまり遠くない道路沿いに隔離舎（"避

病院"と言いました）があり，そこに患者を搬送するためで，朝食時にそれを見ていた母が「またどれかさげられていったな」と言っていました．"さげられる"というのは，家から隔離されるということらしく，人目につかない早朝に行っていたのです．何の病気かわかりませんが，たぶん腸チフスなどではなかったかと思います．

　村の生活で私の脳裏に残っている思い出に，小学校の夏休みに見た衛生映画があります．教室の外に張った白い大きなスクリーンに写る画面は，……トイレから飛び立ったハエが食卓の食物に止まり，それを食べた子どもが発熱し，医師が診察して母に話している場面，ハエが止まったご飯をシャーレで培養し，チフス菌が繁殖する様子．いつまでも汚れたままの手ぬぐいで何人もの人が拭き手が汚れる様子……等々解説もわかりやすいものでした．この映画で，毎日の生活を振り返り何となく注意するようになって，衛生問題への関心も少しずつ深まっていったと思います．

　衛生博覧会というのも開かれ見に行きましたが，性病予防のことでした．小学校の入口のところで警察官が椅子にかけて見張っていました．顔が半分崩れている人形や，ボツボツと赤い斑点のついた顔の側に，淋病や梅毒という説明書きの立て札のある人形が展示されていました．

　映画や博覧会などを見た私は，自分にできることはさっそくやらねばという気持ちがわき，学校には真っ白いハンカチを持ち，鞄の中には手ぬぐいを忘れないようにしたり，毎朝髪を梳き，身支度を整える習慣がつきました．また，それまではチリ紙は新聞紙か古雑誌からはがしたもので，鼻をかむと鼻の回りが黒く髭を生やしたようになったり，着物の袖口で鼻汁を拭って，土埃りがついたまま着続け袖口が黒く光っているのを，我ながら汚いと感じるようになりました．

　袖口を石鹸でつまみ洗いし，汚れを落としている時「石鹸がこの

ごろ早くなくなると思っていたらおめえだな．きだぷりして」と母が薄笑いしたことがありました．"きだぷり"とは気がつくこと，しゃれっ気のことです．

　小学校2年の時，私の前の席にいた友達の髪の毛が動くようなので，よく見るとシラミが頭，首，肩のほうへと這い出しているのです．授業中だったのに「先生，シラミがいる」と指差しをしてしまいました．最近になって，あんな恥ずかしめを言った自分は，あの時ぜんぜん友達の心がわからなかったと，後悔し，情けなく思いますが，翌日先生が櫛と水銀軟膏を持って来て，友達の髪を梳き，軟膏を塗ってくれました．独特な匂いのする薬でした．

　ところが，他の何人かの生徒も「先生，おらもシラミいっから薬をつけて」と言うのです．皆は恥ずかしいことよりも，先生に髪を梳いてもらったり，軟膏を塗ってもらい，先生に触れてもらうことを望んでいたようです．着物に羽織袴を着て，ぷーんと白粉の心地好い匂いがする先生に，子どもたちが心を寄せていたのかもしれないと思います．私もあのころ白粉の匂いを心地好く感じていたので，恐らくそうだったのではないかと思います．

2．産婆の資格を取る

1）産婆の弟子に入り養成所に通う

　私が小学校を卒業した1933（昭和8）年は，満州事変が勃発した年で，戦場で働く従軍看護婦の記事が新聞にも報道されていましたので，『看護婦』『満州』という言葉が私の心を引きつけ，危険をおかして働く白衣に憧れました．自分はたとえば結婚しても，どんな形であれ1人で暮らせる，路頭に迷わないための職を身につけようと決心していましたから，なおさらそう思ったのだと思います．
　そのころの社会は，娘は習い事をして嫁に行くのが一般常識で，職に就くのはよほど裕福な高学歴者は別として，貧困家庭では機織り工場の女工として出稼ぎをするのが当たり前のことでした．しかし，そのことを世間では軽蔑する風潮があり私は抵抗を感じていました．将来，自分は手に職をつけ，自立生活をすることを考えていたからです．
　その年の6月ごろ，村でただ1人産婆を開業し，人々から尊敬されていた「ひでちゃん」という産婆が私の家を訪ねてきて，「先生（私の父）にお世話になった恩返しに，娘を1人前の産婆にしてあげたいから，弟子にさせてほしい」と母に言いました．私は「どうするか」と問われ，産婆は看護婦への道に通じるだろうと思って，産婆今野ひでの内弟子になる返事をしました．

石巻医師会立産婆看護婦養成所時代（1934年）姉歯病院で，右が筆者

　産婆今野ひでのことを，村の人は「ひでちゃん」と呼んでいましたが，この時から私の師匠ですから「先生」と呼びました．
　先生は，妊婦の家から「陣痛が始まったので迎えに来ました」と呼ばれると，多くの場合は夜ですが，どんなに寒くても，雪や雨が降っていようと，いつもニコニコしながらカバンを持って出かけました．迎えに来る妊婦のご主人は徒歩か自転車でした．
　ある晩の話ですが，迎えに来た人の自転車の荷台に，小さい座布団を敷いて先生が腰掛けて乗っていたところ，でこぼこ道でぱんと荷台から振り落とされてしまったのです．しかし，自転車をこいでいた人は先生が振り落とされたのに気づかず，そのまま家まで行ってしまって，家に着いて先生が乗っていないのにびっくりしたり，不思議に思ってあわててもどると，先生が暗い夜道を歩いていたそうです．先生は体が小さくて軽かったし，道路は牛馬車の轍などが深くてでこぼこ道，これに加えて，何よりも妊婦のことが心配で主人がたいへん急いでいた，このことが重なっての出来事で，後で大笑いをしたことがありました．
　出産がすむと，1週間が経つまで毎日産婦の処置や新生児の沐浴のために家々を巡回訪問をしますが，1934（昭和9）年春には，私は先生の分娩介助用具の入ったカバンと，自分の白衣を持って，先生の後ろからとことこついて行くようになりました．それまでは親

類や先生の友人の家の手伝いなどをさせられていたのです．「三歩下がって師の影を踏まず」の言葉を胸に歩き，訪問先ではおどおどしながら，先生が何を言われるのか待ちました．

9月には石巻医師会立産婆看護婦養成所に通学することになりました．講義は夜の7時から9時までですが，講師の都合でたびたび休講になります．産婆学の講師は姉歯正雄産婦人科医師，受講生は私を含めてわずか4人で，講義室は姉歯病院の待合室でした．

講師の声が低いので，しーんとして1語1語聞き漏らすまいと耳を傾け，筆記しました．昼は実技を見習うのでとてもわかりやすかったのです．

私は石巻の産婆養成所で使う教本を買えないので，先生が知人から借りてくれました．「借り物だから全部書き写し，終わったら返すんだからね」と言い，更紙を買ってくれました．私は毎日毎晩暇さえあれば書き写し，白木助産学上下巻や図説の部分まで写して本に仕上げました．しかし，表紙をつけることも，バインダーも買えなかったので，紐で孔を通して綴って使いました．

よくも飽きることなく楽しく書き続けたものだと思いますが，これが私の読解力を深めてくれたように思います．今も私が書くことの楽しさを覚えるのは，こんな経験があったからではないでしょうか．このことを東京で看護婦をしている下の姉に話したら，白木助産学教本を買って送ってくれました．その本はあちこち破れましたが今も残っています．自分の手で書き製本

した更紙も，惜しくて大切にトランクに入れ50年以上保管しました．この紙もすっかり粉塵のようになり，紙の姿もなく，インクで書いた文字が薄れて残るだけになってしまいました．保管の方法も知らなかったからです．今となれば惜しかったと思います．

当時，受験願書を出すのは警察の窓口でした．願書を持って行くと，受け付けた人が怪訝そうに私を見て，「お前が産婆の試験受けんのが」と言いました．なぜそんなことを聞いたのか不思議でしたが，後から考えると，私があまりにも幼い顔つきをしていたからではないかと思います．

検定試験では「臍帯結紮をしてみなさい」と試験官に言われ，前を見ると模型が置かれていて，その回りに警察官や医師らしい人が並んでいました．私は恐る恐る模型の赤ちゃんの臍帯を持ち結紮をして，「本にはこのように書いてありますが，このように結ぶと断端の出血を完全に防げると教えられました」と答えたのを覚えています．

2）妊産婦と出会う

妊娠・分娩は病気ではないと言いながら，「お産は棺桶に片足を踏み入れてするものだ」とも言われていました．ひじょうに危険な命懸けの業と思っていたようですが，どうして危険なのか人々は知ろうともせず，妊娠がわかると神頼みをしていました．

(1)安産祈願の胞衣祓い
「胞衣祓い」とは，胎児に臍帯が巻きつくのを防ぐための祈願で，この辺りでは塩釜神社，小牛田の山の神様に行くのが習慣でした．ここでお祓いを受け，ローソク，御札，麻紐，お枕，米粒などの一式を受け取ります．

出産が始まると，ローソクを灯し，生の米粒を産婦に嚙ませ（力米），麻紐で髪の毛を結び，お枕の片方の縫い目をほどきます．そしてお祈りをしていました．無事出産すると神様のお加護とお礼をします．

このようなお祓いをしても，臍帯巻絡はあり，妊娠中毒症の治療もしないので，子癇や大出血（弛緩出血），中毒性網膜症からくる失明などもありました．私もその場面に出合ったこともあり，やはりその家の姑が握っている「鍵」を動かさなければと思いました．私は妊産婦の家を訪問して，産婆学で教えられたことや，本に書いてあることと，実際の生活では大きく違っていて，「これでいいのか」と納得できないことが多々ありました．分娩室の採光，清潔に対して，産婦の寝室には裸電球10燭光が１つあったら上々で，多くは提灯，ローソクでした．明るい戸外から中に入ると昼でも産婦の顔が見えず，「どこにいるの」と聞くと「はい」と足元から声が聞こえることもありました．しばらくするとようやくぼんやり顔が見えてきます．この部屋は納戸で陽の当たらない裏側に面し，採光は小さなガラスが１枚だけです．

陣痛が始まると，畳をはがした上に藁布団を敷き寝かせました．藁布団とは布団の綿を抜き取り藁を詰め込んだ布団です．この布団は出産の排泄物で汚れても，そのまま堆肥に積み込めるので洗濯の必要がなかったのです．それから，部屋の天井から太い縄が吊り下がっていました．これにつかまって踏ん張り出産したそうですが，このころはもう使いませんでした．

先生の家には，新聞社から刷り残りの新聞紙が時々送られてきました．産褥布団を作るための新聞紙で，出産時には「新聞紙を広げて重ね，産褥布団を作るように」と言われました．始めはどのように作るのか，使い方もわかりませんでしたが，産褥布団はよく洗った布を重ね，それを新聞に縫いつけて臀部に当て，羊水，胎児，胎

盤を受けるものでした．その後はしだいにゴム布などを用いるようになりました．

　出産後の経過が良ければ，3日目ごろには干し葉湯で腰湯を使わせました．大根の葉を干しておき，それを釜に入れて沸かしたお湯を使うのです．おばあさんたちは「干し葉湯で腰湯を使った時は，とても気分が良くて体も温まったもんだったね」と話していましたが，先生は「消毒薬を使うから普通の湯でいいよ」と言い干し葉は使わなくなりました．

　産婦の食事は「1日1升飯を食うもんだ」と言って，朝炊いたご飯を1日4，5回ぐらいに分けて柔らかく煮返し食べさせ，みそ汁は実のない空汁（それでもだしをきかせたいい味）とたくあんと梅干しでした．これで3日間を過ごし，仕事は21日間休みました．

　「戌の日」にはよく妊婦が診察を受けに来ました．受診者は複数の場合が多いので，先生は疲れると「この後はあんたが診察してやらい」と私と交代しました．どうして「戌の日」を選ぶのか不思議でしたが，「犬は何匹生んでも難産がないから，それにあやかって戌の日に診てもらうのがいいと昔から言ってたもんでがす」と聞かされ，私のなぞが解けました．

　農家のお嫁さんは日中は一所懸命働いていますが，診察に来る日だけは，夕方家族のだれよ

産婆今野ひで（中央）に弟子入り．
右が筆者（15歳）1937年

りも先に入浴をすませ，一張羅の着物を着て来ました．多くの場合はお姑さんが付き添いました．「出産はいつごろだんべ」「足腫れたようだけんども異常ないすべか」と，お姑さんはいろいろと心配そうに質問しました．「おらたち嫁ごに来たころはね，腹帯っつものは童子（わらし）が大きくなっと難産になっから，大きくしねいためにぎっちりきつく巻いて，風呂さ入る時もほどかないで入れよって言われて，苦しいの我慢して入ったもんだが，今でもそうなんだべがね」と聞くお姑さんに，先生は「赤ん坊は子宮の中で羊水というぬるま湯に浮いてるもんだから，外側から強く縛ったって，血の循環を悪くして赤ん坊を弱くするだけなの．足が浮腫むのもそのためなんだから，きつく巻かないでね」と答えていました．姑さんは「なるほどそういってみればほんとだね」と納得してくれました．

　この会話を側で聞いていて，お姑さんが理解してくれれば，お嫁さんは気楽に実行しやすいわけで，「鍵はここにあるのか」と私も気づいたものです．

　妊婦の診察が終わると最後に腰部から大腿外側にかけて20分ぐらいマッサージをしてあげましたが，全身が軽くなって妊婦はたいへん喜んで帰りました．産婆の看板には，『無痛分娩の求めに応ず，今野ひで』と書いてありました．もしかしたら，あの看板の字句の意味はこのことだったのかしらと考えています．

3．隣保館事業，東北更新会事業

1）隣保協会保育園児の相談

　1933（昭和8）年3月3日に，三陸沖地震がありました．ちょうど私が高等小学校を卒業した年で雪の降る寒い夜でした．地震直後にブルブルふるえながら，素足で外へ飛び出したのを覚えています．その後1週間ぐらいは毎日余震がくり返しありました．ようやく日数が経ってから新聞（多分古新聞だったのかもしれません）で，田老，大船渡をはじめ岩手県，宮城県の太平洋沿岸が，地震による大津波で死者や家屋流出の被害があったことが知らされ，私の目にも止まりました．

　この災害には全国から多額の義援金が寄せられ，その一部が被災町村の福利増進の費用とされ，隣保共済事業が行われることになりました．その実施場所が震嘯記念館で通称「隣保館」でした．隣保館を建設する場所は，沿岸部を避けて内陸地に設け，一朝，震嘯のある時は避難場所とし，普段は農漁民の文化，教育の目的を有する事業を行う場所として利用するというものでした．

　隣保館は32か所建設され，蛇田村では隣保館の建物に接続して，隣保協会保育園という看板を掲げ，従来の農繁託児所を常設保育園にしました．隣保協会とはどのような組織だったのかはわかりませんが，義援金の配分を受けた町村の連携組織のようなものかと推測

します．蛇田村の隣保館は，青年会，婦人会などがさまざまな会合に利用し，村役場では健診や予防接種，講演会などの会場としましたので，人々がよく集まっていました．

　保育園の園長は山田村長が兼務しました．村長は寺の住職で名誉職だったのでしょうし，保育園も社会奉仕事業だったからだと思います．保母の吉田静子さんを"お手伝いさん"と呼んでいました．この他に田植えの5月や，稲刈りの10月には2か所に農繁託児所を村で開設し，地元の娘さんや小学校の女の先生（当時は農繁期も休みがありました）が手伝っていました．

　山田村長は，先生に「保育園の子どもたちの健康状態を見て，気がついたことがあったら親に注意や指導をしてやってくれないか」と言い，先生は私に「元気がいいか子どもの顔色を見たり，転んでケガをしたら手当てをしてやるとか，そんなことを頼むと言うんだべがら，ちょいちょい行ってやったらいがすぺ」と言いました．保育園の吉田さんを訪ねこの話をすると，「お昼ご飯のころなら子どもたちの持ってくる弁当やおかずが見られるし，偏食なんかもわかると思うから……」と言うので，そのころに私は訪ねることにしました．

　ある日，「顔色悪いんで額さ手を当ててみたら熱っぽいようなんだが」と言われました．しかし，体温計もなく，子どもの家に連れて行こうとしても家族皆が田んぼで働いているので，隣保館で寝かせ，夕方自転車に乗せて連れて帰りました．おばあさんだけもどっているので子どもの様子を話すと，「前の日から咳があったけど何んぼか風邪ぎみかな．でも元気よかったし，忙しかったから（保育園に）やったんでがす」と言いました．3日ほど経ってからはしか（麻疹）だったと知らせてきましたが，この時は，3日も休んでいるのだから，訪問して経過を見ればよかったと反省し，自分の不勉強を恥ずかしく思いました．

また，隣保館で種痘をするというので，役場の係員に手伝って会場の準備をしていた時のことです．2歳の子どもをおんぶしたお母さんたちが，私の顔を見て「こんなに大きくなったから見てくれ」というように近づいてきて，背中の子どもを見せました．「可愛くなったね」と子どもの名を呼んで話しかけてあげると，「よく名前を忘れないで覚えていてくれたこと」とお母さんたちは喜びました．しばらく経って家族の人に会うと，「先だってはお世話さんでした．おかげさんでお疱瘡つきすたでば見てけらん」と言って，種痘をした腕を出して私に見せるので，「痂疵（かさぶた）をはがさないようにね」と声をかけました．すると「油物，食ってはだめなんだってね」と問われ，「そんなに害になるほどたくさん食べるんでないから，普通に食べていいよ」と，会話がしだいに事後指導のようになりました．私は種痘の場所で介助したこともないのに，いつからともなく助言を求められる立場になっていたのです．

隣保事業に従事する者は，打算的，経済的，求報的ではなく，全人愛をもってする精神的，教育的奉仕運動であるとされていたことは，後々私の目に止まった記事で知りました．従って，保母の吉田さんも，お手伝いに来る女子青年も，小学校の先生も，ほんとうの奉仕活動だったのだと思います．

2）東北更新会蛇田村分会の保健婦となる

1939（昭和14）年蛇田村は「東北更新会」の指定村となり，私はその保健婦として委嘱されました．

当時東北地方は，大正末期から昭和初期にかけて続いた冷水害や，世界的な経済恐慌の中で，いっそう貧困と病苦が生活を困窮に陥れていました．その貧困の救済対策として，1935（昭和10）年東北各県が一丸となって東北更新会が組織され，その事業として，疾病対

策や生活改善などにより住民の健康を守ろうと，保健婦の設置が進められました．

　宮城県では，1938（昭和13）年から東北更新会の分会村を指定し，事業が実施されていたことは，伊具郡耕野村（現丸森町）の事業の事務担当者からの便りで知りました．

　私は当時「保健婦」という職名はもちろんのこと，何をするのかまったく知らず，産婆の仕事を通して，保健婦というのは「健康を損なうような昔からの生活習慣を，改めていくための仕事なのだろう」と何となく感じていました．役場へ行って担当の衛生係の星さんに「何をする仕事なんですか．私のできる仕事なんでしょうか」と尋ねました．すると星さんは東北更新会実施……という書類を出して，「うちのほうでもこのような仕事をするようになんでがす．トラホームの治療とか栄養講習会などね，あと赤ちゃん健診などもするんですね．それでさしあたりトラホームの検診をするんで，その結果によって洗眼していただきたいんだがね．その他妊産婦や乳幼児についての検診と，今やっている指導をお願いすっからね」とのことでした．

　私は今まで洗眼を見たことがないので，洗眼は難しいと思っていたのですが，いとも簡単に星さんは「なあに4，5日眼科のお医者さんに行って，教えられて来てけらい．よその村でもそうしているようだから頼みす」と言いました．それで仕事を始めることになったのです．

3）東北更新会蛇田村分会の事業

(1)トラコーマ検診と洗眼

　トラコーマ検診は，まず目の検診を行い，その後洗眼をします．役場の担当者の星さんは私にその洗眼をしてくれという依頼をしたのでした．眼科治療についてはまったく見たことがないので，私は断るつもりでいました．そんな私を見た先生が眼科医に実習依頼をしてくれたので，さっそく，田中清次眼科医院で実習をさせてもらい，看護婦さんから指導を受けて，洗眼の介補や薬瓶の名前などを一応習いました．

　私は未習熟なまま検診会場にのぞみましたが，大きい農家の中門の下や小学校，隣保館などの検診会場には，県の社会事業から派遣された医師と看護婦も来ていました．

　机の上には蒸留水の入った大きな瓶がいくつも並び，点眼薬（硫酸亜鉛水と記憶しています）と滴瓶，ガラス棒，テラマイシン軟膏などがそろえてあり，その横で検診をしました．側には簡単なベッドが作ってあり，トラコーマに罹患しているとベッドに寝かされ，ヤスリみたいなもので眼瞼の裏を擦られ，眼帯をして帰りました．帰る時は「明日から小学校で洗眼するから来なさい」と言われます．当時，結膜炎，トラコーマで施術された人は，検診に来た人の半分にもなりました．この人たちの洗眼を，翌日小学校の一室に準備されたところで私が行うことになりました．上下の眼瞼を広げて蒸留水で洗い流すだけなのに，はじめは受水器の持たせ方も慣れないので下の方へ流れたり失敗続きでした．だんだん工夫しながら行っているうちに慣れましたが，心の余裕ができると「汚れた手で目をこすらないように」とか，「毎日洗濯した手拭きで汗を拭くように」など，注意を呼びかけるようにしました．

洗眼を始めて1か月半ぐらいの間に2回ほど医師が来て再検査をしました．結果はぐんと治癒する人が増え最後まで残った人はわずか数人になりました．この人たちに点眼薬を薬瓶とともに渡して，この検診は終わりました．

　私は事務のことは何も知らず，何人が受診し，トラコーマは何人で，結膜炎は何人いたか，また，施術したのは何人であったかということは頭にはなく，与えられた洗眼という仕事に従事するのに精一杯でした．短期間の検診なのに，私の頭の中にはとても長い月日のような記憶が残っています．

(2)寄生虫駆除と予防指導

　寄生虫とはいってもほとんどは回虫でした．妊婦でもないのに，「腹痛を起こしているから来てもらいたい」と，夜半に迎えを受け行って見ると，うんうん唸りながら右に左に体を転がしています．「どのへんが痛むの」と上腹部に手を当てたり，「夕食は何を食べたの」と聞き，熱も悪寒もないので背中をさすったり，タオルでみぞおちのところを温めたりして，医者が来てくれるのを待ちます．そのうちにピンク色した回虫が患者の口から嘔気といっしょにひょいと吐き出され，痛みもけろりと消えました．こうしたことが度重なるにつれ，医師は痛み止めを迎えの家族に持たせ，「保健婦の勝ちゃんにこの注射をしてもらえと言われたから頼みす」というようになりました．

　石巻の若い開業の医師は軍医として応召され，老医師だけが残ったので，夜の往診はほとんどできない状態でした．このため，患者を受診させるには，リヤカーに乗せるのがいちばんいい方法で，そうでなければ荷車でした．

　患者の家から迎えに来られて介抱し，腹痛が一応止まって私も帰って寝ましたが，やはり気になるので，翌日は必ず訪問をして経過を

聞き，観察をしました．痛みで弱った顔をほころばせてくれると，私もほっと安心したものです．私の生家の上の姉もよく腹痛で仕事を休んで寝ていました．母は心配そうに囲炉裏でおかゆを炊いて食べさせていましたが，3日，4日経っても姉の腹痛は治まらず日赤病院に入院しました．鎮痛剤も効かずに途方にくれていると，嘔気とともに回虫がようやく吐き出されたことを覚えています．

　1942（昭和17）年ごろ，回虫で苦しむ人が多いことを母性補導員の人たちと話し合った時，大麦の藁の根元を煎じたのが駆虫に効くそうだと聞いたり，駆虫薬もたくさん買えるかどうかわからないのに，石巻の境薬屋ならあるかもしれないという話が出ました．思いついたらすぐやろうという若者の代表のような私に，拍車をかけたのは母性補導員が話した駆虫の方法でした．私はさっそくその薬屋さんに行って事情を話したところ，「海人草とマクニンをあるだけ使ってみらい」と助言を受け，たいへん好意的に薬を譲ってもらうことができました．このことを小学校の校長に話して，大きな湯沸かし釜を朝早く借りることにしました．母性補導員たちは，大麦藁を洗い根元近く10cm程のものを持ち寄る一方で，「虫下しの薬を飲むことを希望する人は，自分の湯のみ茶碗を持って，朝5時から6時までに小学校に来てください」という案内を口頭でしました．

　当日は何人来てくれるかと思いつつ，大釜で海人草，マクニンを薬屋さんで教えられたとおりの分量とし，大麦藁の根元を煎じたものを加え沸かしました．5人，10人と希望者が寄って来てその場で1杯ずつ飲んでくれました．私は何人飲んだか確かめもせずやってしまったのですが，母性補導員たちは自分で案内した人なので，だれが来たかを知っていました．

　服薬して3，4日目になると回虫が出たという報告が母性補導員からありました．私より母性補導員たちが，排便をする時は畑に紙を敷いてすること，終わったら虫の有無を見ることを指導してくれ

ていたのです．この駆虫方法については悪い報告は何もなく，飲んでから4日目から7日目ごろの間に，小さい回虫がおにぎりのように出たという報告もありました．

　この時駆虫薬を何人飲んで，排虫者が何人だったか，調べたものは今は何も残っていませんが，専門家に相談や指導も受けないでやったことを反省し，それにしても何事もなくすんだことにほっと胸をなでおろしました．このことがきっかけで，富山の置き薬を毎月始めに家族で飲むことにしたという家庭も出て，駆虫の啓蒙ぐらいにはなったと思いました．

　その後寄生虫予防の指導を，個人と集団ごとにやるような私の活動が始まりました．農家の田畑の肥料は人糞です．肥樽に人糞を入れて牛馬車で石巻の旅館などから運び，大きな肥つぼに入れて発酵させておきます．この人糞の代金は年の暮れに計算して米や野菜などで精算します．（人糞を買っていました）このため，手洗いをしたり，野菜は煮て食べたりする指導は欠かせなくなりました．（終戦後は「サントニン」などが医師の手からもらえるようになりました）

　保健所にも寄生虫を熱心に研究していた菅原敏さんという人がいて，保健婦業務研究会で講演をし，調査研究の中で2mも伸びたキュウリの枝先にも虫卵が発見されことや，公衆浴場の男湯より女湯の脱衣所の埃から，虫卵が多く発見されたことを聞いて驚きました．女性は腰巻きをしているので乾燥した虫卵が腰巻きに付着しやすいということでした．菅原さんの話を通して，駆虫というより予防の大切さをいっそう強く知らされ，寄生虫予防対策としての保健指導の方向づけを示されたように私は思いました．

(3) 栄養改善講習会

　東北更新会の事業のため，県の社会事業協会から県の栄養技手の

藤井円証さんが，蛇田村に派遣されて来ました．ある時，蛇田村分会の一集落を栄養改善モデルに指定し，毎月講習会を開いているから手伝ってほしいと係から言われました．さっそく会場に行ったところ，婦人会の役員やモデル部落（谷地地区）の会員が集まって実習中でした．

眼鏡をかけ頬のこけたやせた男性が，白衣を着てお母さんたちの前で話をしているので，この人が栄養の先生かなと少し怪訝に思いながら，「役場から来ました．私も教えていただきます」といって座りました．（この時私は保健婦と言わなかったし，この方が藤井先生ということも知りませんでした）

この時は主食代用の玄米粉の香りのするホッカホカのパンの蒸し方と，野菜豊富な「呉汁（ごじる）」を試食しましたが，そのおいしかったこと，今も忘れ得ない味になって残っています．

毎月の講習では，カボチャご飯，大豆ご飯，豆乳の用い方（赤ちゃん用にも使いました），茶や柿の新葉を摘み，洗ってきざんだものに熱湯をかけ，それを絞って冷ましたものをビタミンCとして子どもに飲ませること，麦芽糖の作り方，脚気が多かったころなので米糠を炒ってパンに入れること……，等々藤井先生から教えられました．

それまでは，自宅で家畜として飼育していた鶏卵や牛乳は，病人でないと食べられなかったのですが，養鶏の自給の増加や，山羊乳が母乳に近い栄養があるということで，赤ちゃんが生まれると山羊を買って飼育する家もめだってきました．戦中，砂糖が思うように入手できないので，その代わりにサツマ芋の飴を使い，山羊乳を乳幼児に飲ませるなどの工夫もしました．戦後，昭和20年代から30年代前半に母性クラブや婦人会への栄養指導を，婦人雑誌などを参考にしながら行いましたが，この時の藤井先生の指導が，私の栄養指導の基本になっていきました．

小学校5年のころに私の2番目の姉が，学校の担任の先生に「今日の弁当のおかずは何を持ってきたか」と聞かれ，恥ずかしかったが「いわしのがら干し」と正直に答えたら，「このおかずほど栄養の良いものはない．最高のおかずだ．皆も知っていると幸せだ」と言われたと，夕食時に母や上の姉夫婦，甥，姪のいるところで得意気に話していました．「いわしのがら干し」は私も弁当に持っていって何気なく食べていましたが，藤井先生の指導を受けたことや，小学校の先生がこのように話したことすべてが，私の「食」に対する基礎知識になっています．

　私はよいチャンスに恵まれ，栄養改善モデル事業を手伝うというより，学ばせてもらったと思い，この好機に感謝しています．

(4) 乳幼児の保健指導……嬰児籠(えじこ)廃止に向かって
　母と子の保健保護活動は隣保共済事業か，東北更新会事業か，ということは，住民からすればどっちでもいいことで，私自身もあえて区別する必要はありませんでした．

　農家のお嫁さんは，農業の家族労働力としてたいへん重宝な存在でしたが，農家の後継者を産むということでも，大きな期待がかけられていました．結婚はしても子どもが生まれるまでは入籍をされず，子どもの出生と同時に入籍をしたり，3年経っても妊娠をしない場合は，実家にもどされるということも聞きましたから，子どもの出生まではお嫁さんは不安だったと思います．嫁の立場がいかに弱く，不利なものかを考えさせられましたが，幸い赤ちゃんが生まれても，育児に専念するということはできませんでした．育児は姑に任せて嫁は働かなければならなかったのです．

　朝授乳が終わると，嬰児籠に赤ちゃんを入れ農作業に出ます．昼食時の授乳も抱っこして飲ませるのではなく，嬰児籠に入れたまま飲ませるのが習慣でした．おむつもたびたび取り替える必要がない

嬰児籠

ように、嬰児籠の中の敷物に垂れ流しにさせていたのです。その上に日の当たらない納戸という若夫婦の寝室に、1日中嬰児籠を置きっ放しにしているので、耳の遠いおばあさんが留守番をしてると、泣きわめく赤ちゃんの声が聞こえず、広い家ならなおさらでした。

　私が訪問をすると、たいていおばあさんたちは赤ちゃんの入っている嬰児籠を納戸から引き出して、私に見せてくれました。「おばあさん忙しいべから、私がおむつ取り替えてあげていいすか」と言うと、「あらそうすか。悪いけんどほんでは頼みす」と言いますので、私は喜んで手伝わせてもらいました。ほんとうは赤ちゃんのからだを見たかったのです。

　嬰児籠から赤ちゃんを出すと、赤ちゃんは背伸びをするように全身を伸ばします。そして、ふんわり温かい大小便の匂いがむーんと鼻をつきました。泣きながらこすりつけたのか、足の踵やお尻の皮膚が破れて血が滲み出ていることもありました。薬もないので私は

持っていたもの（亜鉛華殿粉を白しめ油で練ったもの．亜鉛華澱粉は亜鉛華に片栗粉を等分に混ぜ，臍帯の切断端の乾燥に用いた）を塗ってあげました．残りは渡しておむつを替える時に塗ってくれるように頼みました．

　しばらくして再び訪問をすると，「お陰さんであの時の薬ですっかり治ったでば，有難うござりすた」とたいへん感謝されましたが，あれが良かったのかどうかはわかりません．とにかく，何とかしてあげなければという思いで，「感染して化膿することもなくてよかった」と心の中が休まりました．

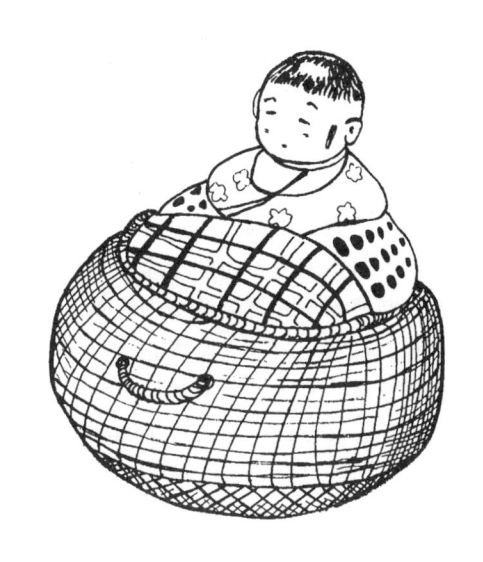

　私のカバンの中には，産婆が介助して生まれた赤ちゃんの記録が，分娩取扱台帳として入っていましたので，私はこの台帳を見て生まれた赤ちゃんの訪問を始めました．

　このころの出産は100％といってよいほど産婆による介助の分娩で，異常があれば産婦人科医院での分娩になりました．ほとんどの赤ちゃんの出生時の体重などの記録を持っていましたから，それを見て「赤ちゃん，大きくなったでしょ．今ここを通ったので寄ったのですが」と私が声をかけると，たいていの家ではおばあさんがいて，「あら産婆さん，勝子ちゃん，よく来てくれたこと．さあさあ上がって見てけらい」と茶の間に案内してくれました．

　孫のことになると，みんな喜んで自慢話になるもので，褒められるといっそう嬉しい顔に変わります．私は「おばあちゃん，台所や

ら畑の見回りやらしながら孫の世話までするのは忙しいでしょう．赤ちゃんのお母さんも，おばあちゃんが世話してくれるので安心して働いてくるんでしょう」と言うと，おばあさんは「まあずね，若い人たちに稼いでもらうんだからしゃあねえがす」と言いながら，納戸の嬰児籠を引っ張って茶の間に出してきます．

　5か月を過ぎると嬰児籠に入れられるのがわかるようで，母親の授乳が終わると嬰児籠の中に藁くず，ボロ布，厚く刺したおむつを敷き，周りを寝間着や角巻きなどで包み，その中に赤ちゃんの着物の裾をまくり上げ，お尻を直接，敷いたおむつの上につかせようと入れると，のけぞって泣き始めます．嬰児籠に入れられるのに抵抗し出すのです．「母ちゃんは今日も1日働いてくるんだから，がまんして入って待っていてちょうだいね」と，心の中で赤ちゃんに言って田畑に出かける，母親の胸の内が私にも察しられました．私が赤ちゃんのいる家を訪問していることがわかると，畑や田んぼで働くお嫁さんからいろいろ相談がありました．

　ある日，私を見つけて1人のお嫁さんが近づいてくるので，自転

蛇田村農繁託児所．右が今野ひで．中央が筆者（1943年）

車を止めて「どうしたの，何か相談」と声をかけると，「おっぱい足りねいんだがね．一晩中口から乳首を離さないで泣いているし，お義母さんに話したら『あんだはご飯の食べ方が少ないから乳の出が悪いんだよ．もっとどっさり食えば良いのに』と言われたけど，ご飯ばっかり食べられないんですものね」と言いました．私は「ほんではこれから寄ってみっから」と言い，その日のうちに訪問をして「ばあちゃん，赤ちゃん元気ですか．大きくなったべね」と声をかけました．おばあさんが裏庭から入ってきて，「大きくはなったけんど，このごろ，乳の出が悪くなったんだか，夜も泣いてよく眠んねえみたいでがす．母ちゃんの食が細いからろくに出ねいのかね．まず見てけらい」と嬰児籠を引っ張ってきました．

　赤ちゃんは口をぱくぱくして，心なしか声も低く泣いていました．「母ちゃんが帰ってくるまで何か飲ませたほうがいいべがや」と言うので，「ほんでは哺乳瓶で湯冷しでも飲ませてみすか」と，哺乳瓶を茶釜のお湯で洗い，もう1度汲んで冷まし，赤ちゃんの口へ当てて見ると，またたく間に飲み干してなおも泣くのです．

　「やっぱり足りねいのがもしれないから，ご飯のりを作って飲ませてみすか」と，おばあさんと2人で朝ご飯にお湯を足して煮返し，上ずみののりに少々砂糖を入れて飲ませると，赤ちゃんは喉を鳴らして飲み，飲み終えると眠り始めました．「先ほど，母ちゃんのおっぱい飲ませたばかりなのに，こんなに飲むんだからやっぱりろくに出ねいがったんだでね．まあずかわいそうに」といって，おばあさんは母乳不足を認めました．それで，「母乳を飲ませてから足りない分を作ってやるとよいね．牛乳代がかかっけんども孫のためだから仕方ねいよね」と，私はおばあちゃんの心になって話しかけました．

　帰りに再度お嫁さんと会って，訪問しておばあさんと話したことを伝え，「私と会って話したことはおばあちゃんに言わないほうが

いいよ．私が気づいて寄ったことにしよう」と言い合わせました．（お嫁さんに対して，姑が不信感を抱かせないようにと思ったのです）しばらく経って，再訪問して赤ちゃんの様子を尋ねると，ちょうど昼休みでお嫁さんが出てきて，私を見るなり涙ぐみながら，「おかげさんでした．あれから牛乳をとってもらうようになったの．練りミルクも買ってもらったし有難うござりすた」と言いました．

外出先から帰ってきたおばあさんも，「やっぱり正直なもんだね．おら家の孫っしゃまず見てけさい太ってきたから」と言うので見ると，茶の間に寝ていた子どもの顔は，とがった顎も丸くなっていました．

おばあさんが「また嬰児籠さ入れられっとき暴れんでがすぺ」と笑うので，「嬰児籠は窮屈で嫌だもんね．日当たりのいいところで寝かせられたほうがいいんでない」と私が言ったところ，「猫が入ってきてチョッケかげっから危ないでねいべかね」と言いました．この話はうまく聞き流して，私はお母さんに哺乳瓶の洗い方などの話しをして帰りました．

おばあさんたちは，子どもを大事にするあまり，とかく厚着をさせて風邪を引かせないように配慮していることが多かったのです．赤ちゃんは運動が激しいから，汗をかくと風邪を引きやすいことや，代謝機能のことを話しますが，「母ちゃんさ言っておくから」と応えるだけです．畑で働くお嫁さんにそれを伝えたら，「私が1枚脱がせたのに，昼上がりするとまた1枚着せられているんでがす」と言いました．おばあちゃんのほうは「おらどこの母ちゃんが言うこと聞かねいで着せて行くもんだをね」と言い，こんなことが他の家でも時々ありました．

私は雨降りで野良仕事のできない日か，昼休み時を見て，お嫁さんも姑さんもできれば家族そろっているころあいに，訪問をするように心がけました．乳幼児のことは皆関心をもってくれるので，主

として育児の問題を話題にすることが多くありましたが，普段農作業については厳しい舅さんも，目を細くして耳を貸してくれました．

　私が「孫さん，這うようになったんですべ」と聞くと，舅さんが「危ねいから這わせねいようにしているよ」と言いました．私は「ほんだね．怪我しても困るもんね」と応えましたが，そこにおばあさんが「這わせんのもいいもんだべがね」と話すので，「おもちゃを見せたら手を出して欲しがるんでないの」と聞き返しました．そうすると「あ，ぱたぱたして喜んで，足もつんつん踏ん張って欲しがってば．あづげねいど大きな声で泣かれるもの」とおばあさんが言います．私は「私らが珍しい物が目につくと，手に取って見たくなるのでわざわざそこまで行くのと同じね．赤ちゃんも手に触ったものは握る，足の裏をつつくと膝曲げてひっ込めたり，立たせると床を踏むし，目についたものはじいっと見つめて，全身でそれに近づきたいという気持ちになってつんつんするのね．いつまでも生まれたままの赤ちゃんではないもの，毎日毎日からだは成長するし，心も発達しているの．毎日見ていると気づかないんだよね」と話しました．

　おばあさんが「こんなに細っこい手っこ突いたら折れんでねいべか，這わせたら」と言うので，私は「どおれ私に貸して」と，子どもを抱き静かに畳の上に腹ばいにさせてみました．すると子どもが首を上げ，胸をそらせてじいっと前の方を見つめるので，お母さんが「あら，苦しくねいんだべが．首っこ上げるんだっちゃ」と驚きました．

　私は「このようにして，自分で動きたいように動くのをみて手伝うだけでいいよ．無理にひっぱったり押したりしなくて，ちょっとの時間からだんだん長くしてやると，骨も筋肉も鍛えられるもんですよ．いつまでも嬰児籠（えじこ）に入れられて，手も足も押さえられていたら赤ちゃんも自由になれないから，イライラして泣きわめくかもね」

と話しました.

　お母さんは自分で知っていることを実行してみようと思っても，お姑さんたちは決して黙ってさせてくれませんので，私がやったのを家族が見たり，話したことを聞いていると，後でお嫁さんがやろうとする時，家族は反対しないのだと思いました.

　哺乳瓶の扱い方も同じでした．おばあさんたちは作ったミルクを必ず自分で飲んで温かさを確かめていました．このため，私はおばあさんのいるところで，赤ちゃんのお母さんに，「大人は口に雑菌があっても抵抗力があるからいいけど，赤ちゃんは抵抗力がないから，もしかしたら哺乳瓶で大人から赤ちゃんへ菌を伝染させるかもしれないんですよ．ミルクの温かさをみる時は耳たぶに瓶を当てるか，手首の前膊にミルクを垂らしてみるといいね．味は分量さえ確かめればいいんだから」と話しました．お母さんに注意しながら，ほんとうはおばあさんに聞いてもらうのがねらいでした.

　姑は一家の主婦であり，育児ではお嫁さんの先輩なので，自分の経験で孫の育児を好意で協力しようと思っているのですが，その中には改めたり，注意を促さなければならないものがたくさんありました．しかし，すべてを否定するようなことでは，先輩の経験を無視された姑さんの心に深い傷を負わせるか，反感を抱かせて協力が得られないことになると思われたので，私は舅姑の心を大切にしながら，改善の必要なことを理解してもらい，快く若い母親を導きながら，実践に結びつけられるようになればよいと考えました.

　終戦前の農村の核家族といわれた家は，たいてい本家から分家される二男・三男で，幾ばくかの田や畑を分けてもらって独立をしました．しばらくは本家を手伝い，本家の指示を受けることになるので，育児の面でも本家の姑に伺いながらするのが当時の習慣でした．核家族の分家でも勝手な自由は認められないことが多かったのです.

　このような時代に，嬰児籠が赤ちゃんにとってよいものではない

から，入れてはいけないなどとは言えませんでした．嬰児籠(えじこ)は，温かい（昔の家は立てつけが悪いのですき間風が入った），危険でない（親が離れる時転げたり這い出したりしない），家が狭くとも整理される，などの利点は認められ，きれいな藁の網の目などは，芸術品として見栄えもよく，見るだけなら楽しいものでした．

　しかし，その中で自由を奪われ，長時間耐えている乳児を思う時，母親ならば早くこの不自由から解放して，抱いてやりたいという気持ちをもつことが私にもわかりました．春夏にかけての嬰児籠の中の暑さは，だれだって気づかないわけではなく，私はこれを幸いに，通風の良い，編み目の大きい籠の嬰児籠もよいのではないかと思いつきました．

　さっそく，嬰児籠づくりを商売にしている小野さんに相談をすると，竹の籠の嬰児籠を見本に作って宣伝してくれました．しかし，竹の籠に入れられている赤ちゃんの家を何軒か訪問をして，嬰児籠の入り口の辺縁部の竹と，それを巻きつけている針金が何となく気になりました．この針金のねじれ目の端に着物がひっかかっては危ない，編んだ竹のへりの滑らかさがなかったら切り傷になりかねないと思われ，底が軽いので不安定ではないかとも感じました．いくつかの問題を小野さんに話してわかってもらいましたが，竹嬰児籠の使用についてはその後は勧めませんでした．

　藁嬰児籠は昭和20年代もしばらく使われていましたが，子どもの自由な動きを促し，清潔を保ち，生活改善を促進する活動が戦後は活発になりました．この中で嬰児籠使用の育児の長所，短所をわかってもらう衛生教育を開き，廃止に向かっての理解を得ることができました．

　このころ『私は赤ちゃん』という記事がありました．この記事は嬰児籠のことではなかったのですが，「赤ちゃんは自分の気持ちを自分の言葉で訴えることができないけれど，話せるならこのように

話すだろう」と，赤ちゃんに代わっていろいろな大人への訴えが書かれてありました．私はこの記事を読んで，これはよいとさっそくまねをしてチラシづくりをしたことがありました．ガリ版印刷をして，母性補導員たちの手から子どものいる家庭へ配ってもらったのです．

　チラシの内容は，『手足を思いきり伸ばして遊びたい．お尻が汚れると気持ち悪く痛いよ．わかっておかあさん』という，嬰児籠に入りたくないという気持ちを書いたものや，哺乳瓶のことでした．嬰児籠に入った赤ちゃんの前に置かれる哺乳瓶は，手で持たなくても吸えるように長いゴム管がついていて，瓶も転ばないように寝かせた形のものでした．形だけを見ると，男性の尿器のような形をしていました．

　母乳が十分に出ている場合でも，田や畑が遠くて昼食に帰れない場合などは，朝，母乳を飲ませた後嬰児籠に赤ちゃんを入れ，赤ちゃんの顔の側に人工乳を入れた哺乳瓶を置き，赤ちゃんが泣くと，おばあさんやおじいさん，留守番の子どもでも乳首を口にくわえさせることができるようにしていました．

　人工乳の量は何回分と分けておらず，人工乳（こしらえ乳と言っていました）は，朝ご飯を炊く時に水を多くして炊き，米が膨らみ粘り気が出るころに釜ざるを入れ，米が入らないように釜ざるに流れ込んだご飯のりをひ杓で汲み（ご飯のり），砂糖を加えたものでした．ご飯には麦が3分1ぐらい使われていました．嬰児籠では，乳首を口にくわえたまま眠っている子，口の周囲についたご飯のりが乾いたところにハエが止まって泣いている子，猫に顔をなめられている子，おばあさんがその猫に「これこれ，この畜生，この畜生」と言いながら追っている光景などを，私は何度も見ました．また，哺乳瓶は便利な面はありましたが，管の中は洗えず，蠅が運ぶ汚染物もあり，哺乳瓶の中で人工乳が腐敗することもありました．私は

以上の例を説明して,「この形の哺乳瓶は使わないようにしましょう」と呼びかけるように訪問をしました．この哺乳瓶はたちまちのうちに家庭から姿を消しました．

　嬰児籠については，これを止めて布団に寝かせるにもいろいろと問題が出ました．「納戸に寝かせた赤ちゃんの鼻をねずみがかじった」とか,「猫が入ってなめたり，ひっかいたりした」という話しを耳にしました．これはおばあさんたちのささやかな抵抗だったのかもしれませんが，私は「困ったねおばあさん，なじょにすればいいのかね」と問いかけ，おばあさんといっしょに考えるようにしました．

　結局,「おばあさんの目の届く茶の間の明るいところが，いちばん安心なのかもしれないね．猫だけ警戒すればね」という結論になりましたが，こうして嬰児籠の廃止に向けて，協力を求めて私は歩きました．おばあさんたちの中には,「やあ，勝子ちゃんに先に来られて負けてしまった．片づけが終わったら，日当たりのいい座敷さつれて来っぺと思っていたんだげんとも，遅くなってっしゃ」と話す人もいて，お姑さんたちの心も動き始めました．

4．師匠「今野ひで」の養女となって

1）先生の身辺を襲った転機

　1939（昭和14）年2月，先生のご主人の今野正平さんが戦死したという公電が届きました．ほんとうはその3か月前の1938（昭和13）年11月に中国で戦死していたのです．

　村葬が終わってもまだ心の動揺が治まらないのに，昭和14年（1939年）4月には先生の1人息子の今野隆男さんも亡くなりました．肋膜炎で入院治療し，治癒したので自宅療養をしていたところでした．

　私は先生のしょんぼりした姿を見るのがつらかったのですが，忙しい産婆の仕事が救いになったのか，先生はさほど憔悴した様子も見せずに働き続けていました．そして翌1940（昭和15）年に私が保健婦講習を受講した後で，先生は私に「養女にしたい」と言いました．このころの私は胸中で「看護婦になりたい」と思っていたり，結婚話が持ち上がったりで，たいへん迷い悩んでいた時期でしたので，どう返事をしたらよいかいっそう悩みが深まるばかりでした．

　しかし，先生から教えられた数々の習得が，自分の現在を育んでくれたのだという思いが深く，また，先生の身内の中に自分の死んだ息子と同年の男性が何人もおられるにもかかわらず，私を望んだ先生の心も理解できたので，その希望に応えなければならないと思い承知しました．この時から私は今までの小林姓を今野姓に変え今

野勝子となりました．

2）今野ひでの人柄から学ぶ

　私の養母になった今野ひでは，職業上生活は不規則になっても，清潔，整理，整頓ではうるさ過ぎると定評があった人だと聞いていました．ひでは身だしなみが清楚で，髪の毛一糸も乱れを見せない人で，周囲の人にもよく気のつく人でした．自分の親類の娘など，幾人かが家事手伝いに来たそうですが，どの人も1週間とは続かず逃げ帰ったようです．
　私の場合は，産婆の修行という目標があったため，評判ほどにうるさいと思うより，むしろ注意は自分のために受けるもので，そのことも修行と思っていました．同じ注意を再度受けたら悔しくなって，だんだんとその気配を感じたら，目ざとく察知して注意される前に自分でやり直してしまうような癖がついたようです．
　ある時，当時は水道などなく汲み置きの水でしたので，「手を洗う時は，石鹸でようく擦り合わせてから水で流して，それから炊事に手をつけるもんだからね」と言われました．また，私の手の爪はさほど伸びていないと思っていたのに，「爪を伸ばして産婦や赤ん坊に誤ってひっかけたりして，傷をつけたらたいへんなことになるよ」と言われました．常に短く切っておくようにという注意

今野ひでと筆者（右）1942年．筆者23歳

を促してくれていたのだと思います．

　私は日が経つにつれて産婦に触れる機会が多くなり，産道の粘膜の損傷や新生児の柔らかい皮膚の損傷，感染に対する予防など，産婦や新生児の命をあずかる大切な使命を，産婆が果たすことを教えられていたことに気づきました．挨拶の言葉がなかなか出なくて，犬と比べられたことは今も忘られません．

　義母になる以前の話ですが，仕事先から帰って玄関のガラス戸を開けて入ってくると，後ろから愛犬エスも首の鈴を鳴らして入ってきました．この時に「口というものはものを食べるだけにあるものではねいんだよ．犬でさえ私が帰ってくる姿を見るとワンワンと吠えながら迎えに来るのに，あんだは『行ってこい』でもなければ，『ただいま』でもないんだね．犬にも劣るんでないの」と言われました．私はそれはもう恥ずかしくてその場にはいられないほどでした．さりげなく先生の鞄を受け取って定位置に片づけた後，悔しさでトイレに入って唇をかんだことを昨日のように思い出します．

　「いってらっしゃい」「おかえりなさい」という標準語を，声を出して私は言えませんでした．いくら心で思っていても，自分の思いを伝えるのは言葉であり，その言葉が人の心を慰めたり傷つけたりするなど，大切な役割をしているとわかっているのにです．それからは，家族への声かけや，路上で会った人との言葉には，自分の知っている限りの言葉を見出すように心がけるようになりました．これは唇をかんで悔しがった時の，先生のあの言葉のお蔭だと思っています．義母ひでの人柄はいつも慈愛に満ちた顔で思いやりの心を込め，人々を大切にする人でした．出産をする家々は，準備をする暇もなく急に始まる場合もあれば，着替えの産着もおむつ，T字帯さえも準備がない貧しい家もありました．義母はだれにも気づかれないようにそっともって行くこともたびたびありました．後日産婦さんや姑さんから，「産婆さんにいただいた産着を着せられ，有難う

ござりす」とていねいにお礼を言われて，私の知らなかったことにうろたえることもありました．

　分娩や沐浴料金は産婆会規則で取り決められていました．生活困難者で生活保護家庭の場合は，規定の料金が役場から補助として出ますが，支給される時の嫌みの言葉が怖いので，役場の保護係に出産を告げたがらないのが大方のようでした．生活保護家庭でなくても，貧困のために分娩料も，沐浴料も出せない家庭もありました．しかし，義母は何もなかったように，路上で合ってもにこにこしながら挨拶を交わしていました．

　日ごろ地域のお姑さんたちは，「産婆さんは高いお菓子はあまり食べないが，うでた馬鈴薯やさつまいもなら大好物だから，産婆さんの接待は安上がりで楽なもんです」と笑談を交わしていたので，だれにでも気楽につき合える人として，お嫁さんたちからも親しまれ，それでいて義母のそつのないところが，人々から尊敬と信用を得たのだろうと思います．始めからお礼を言ってもらおうとか，尊敬されようなどと思ってはいませんでした．

　産婆を日常の仕事として，人々の在宅分娩を介助し，他人に見せたくない，知られたくないすべてに触れながら，決して口外するとか批判するなどおくびにも出さなかった「今野ひで」の人柄を，今も私は信頼し，自慢して，目標にしています．

3) 保健婦，保育婦，保育指導員の講習

　1940（昭和15）年7月，まだ私が今野家に入る前ですが，「今度仙台で保健婦などの講習があっから，受けさせてほしいって村長さんから言われたから，受けてございん」と先生から言われました．その時は宍戸孔一村長で，私は村長からの依頼ということで受講することになりました．8月に書類が届けられ，講習生は約3週間は

「保健婦,保育婦,保育指導員講習会」で受講生と.前列左が筆者.1940年

ど仙台の長生園という老人ホームに合宿しました.洋服の人も何人かいましたが,他の受講生は暑い最中に,着物に帯の姿でした.この時いっしょに受講した人に梅原ひさ・鹿野せき・斎マサさんなどがいました.老人ホームでは,国安泰領園長(和尚さん)と柴田ミネオさんという看護婦さんが,入所している老人たちのお世話をしていました.

講習は短期日で,生理衛生,一般看護,救急法,伝染病予防法,医療保護法,育児・母性乳幼児保護,児童保育,児童心理,社会保険一般,社会事業,保育所の意義事業,東北更新会事業,養老事業,家庭訪問調査法および救護法,栄養改善,愛国婦人と社会奉仕,社会保健婦事業など,幅広い科目を通り一遍に受講しました.私がこれまで実施してきた隣保共済事業や東北更新会事業も,この講習の中に位置づけられていて,「保健婦の仕事は,社会生活を営むすべての人々の生活に関わる仕事である」ことを,うっすらと知ることができました.

修了證書

牡鹿郡蛇田村

小林勝子

右者 保健婦 保育婦 愛國婦人會保育指導員講習會ニ於テ所定ノ學科ヲ修了シタルコトヲ證ス

昭和十五年八月二十九日

財團法人宮城縣社會事業協會長 從四位 勲三等 林 信夫

愛國婦人會宮城縣支部長 林 くに子

この講習の中で，講師（山形県）の社会保健婦前川政子（後に高橋政子）さんは，保健婦として「教養」「技術」「社会的視覚」を3大要素となすべきと強調され，保健婦活動の6つの型を紹介しました．また，「治療医学より予防医学の大切さ」「サーベル衛生よりも指導衛生で」「医者と大衆との間隙」（無医村での応急対策と生活環境の改善指導）の3つも，問題対応のために私たちに課せられた役割があると話し，この言葉は私の保健婦のあゆみの「道しるべ」になりました．

4）看護婦の資格取得，そして結婚

　1940（昭和15）年の暮れに，私は今野家の養女になりましたが，1935（昭和10）年の産婆試験合格時に，先生に「看護婦試験も受けたい」と申し出たら，「産婆だけでいかすぺっちゃ」と軽く拒まれたのです．ところが，その後何を思ってのことか，「看護婦の試験も受けたほうがいいんでないの」と，先生のほうから言い出しました．私は理由はともかく資格がほしいし，看護婦への憧れを断ち切れずにいたので，さっそく教科書と首っ引きで勉強を始めました．石巻での産婆養成所では，看護学はまったく別の教科のため習わず，産婆学だけを習っていたのでした．
　また，1936（昭和11）年に先生の家の都合もあって，仙台の義姉の嫁ぎ先の家事手伝いをしながら，東北産婆看護婦学校に学ぶ機会がありました．学校長の好意で中途から入学し，わずかの期間ながら教本に触れることができ，すぐ中退をして蛇田村にもどったのですが，このような経過もあって，1941（昭和16）年に私は看護婦試験に合格しました．
　ちょうどそのころ，私の結婚も迫っていました．私の希望も意見も問われないまま，健康が第一と養母が選んだ人と，1942（昭和17）

東北産婆看護婦学校時代．同級生と筆者（左）1936年．17歳

年1月に結婚をしました．日本が太平洋戦争を開戦した翌月でした．そして，1944（昭和19）年2月に，私と養母，1歳4か月の長男を残して，夫は召集され北千島（千島列島）に向かいました．

当時，輸送船が撃たれて北海に沈んだという情報が流れ，実際に船ともども撃沈されて，戦死した軍人が大勢ありましたので心配をしましたが，夫たちが乗った船が「目的地へ無事到着した」という便りが届いたのは数か月後でした．そして幸運にも終戦の翌月夫は帰還しました．

終戦で村に疎開していた町の人たちが帰郷し始め，応召軍人が引き揚げて来たり，闇米売買が横行するなど，騒々しい日々が久しく続きましたが，そんな中で，1947（昭和22）年1月に第2子（長女）を出産しました．私は長男，長女を家に置いて夜も外出する仕事が多いことと，何時までに帰るという約束もできないために悩みました．夫は不満を隠しながらも，子どもたちの世話をして小学校へ送り出してくれました．私にとっては夫のその行為が大きな支えでもあり，仕事の原動力でもありました．ところが，健康第一の生活を続けていた夫の体をガンが蝕み，定年を迎えて5年後にガンとの闘いの中で命を奪われてしまいました．

5．国民健康保険組合の保健婦となる

　1941（昭和16）年3月，蛇田村は国民健康保険組合を設立し，1942（昭和17）年4月に専任事務員1名，補助職員1名（女性），徴収担当職員1名，保健婦1名の計4名で，村役場の2階で業務を開始しました．私はそれまでも，隣保協会保育園や東北更新会の保健婦として，村民の健康に関っていましたが，給料の出る保健婦活動はこれが初めてでした．
　国民健康保険組合は強制加入ではありませんでしたが，相互扶助

共済の主旨に賛同して全戸が加入することを呼びかけました．ところが，医師の診療で差別があると言ったり，保険診療外の薬が処方され，自己負担金を請求されるなどの不満から，組合を脱退する人や組合費納入を拒否する人が現われ，運営が困難を極めていました．そこで，事務員と2人で先進地といわれる登米郡浅水村に視察に行きました．

浅水村では，保健婦の春日徳子さんが毎日家庭訪問をして歩いていると聞きました．私はそれを聞いてから，今までは妊婦や赤ちゃんの訪問を主にしていたけれど，「そうだ，組合員の家族はどのような生活をしているのか，病人の看護で困っている家庭はないのか，今後は家族に目を向けないといけない．私が手伝うことがあるのかどうかを探すことだ」と気づきました．そして，今までの乳幼児や妊産婦の保健指導から，家族全員の生活に向かって自転車を踏み出したのです．

私の活動が変わったので，「勝子ちゃんが隣の家まで来たんだそうだが，どうしておらの家さ寄んねいだべ．隣には赤ん坊もいねいけど」と不思議そうに言ってた人がいるから，行ってその訳を話してほしいと抗議を持ち込む人がいたり，「俺らの部落はいつごろ来てくれるようになるの」と問い合わせてくる人もいました．また一方では，「えっ保健婦だって，おらの家は国民健康保険など入んねえと言っているのに，勝手に名前書いてんだから保険料は納めねいよ．保険料取りさ来たんだべ」と，恐ろしい剣幕で怒鳴るおじいさんもいて，隣でおばあさんが困っているので，私がゆっくり話し出すと「それは悪がったな，どうも有難う．ほんでもおら家は国民健康保険さ入んねいど」と，念を押されたりもしました．

私は保健婦の仕事の内容や，なぜ訪問しているのかを話しながら訪問を続けましたが，村の人たちが私の訪問を少しずつわかってきて，「そろそろ勝子ちゃんがここを通るころだから，見つけたらお

ら家さ寄ってもらうように言ってけらい」と，頼まれて待っている人がいたり，「隣でゆんべ腹痛みが出て大騒ぎしたんだけど，吐いたら治ったといって寝ていたからいいかと思うが，寄って見てやってけらい．俺に聞いたって言わねでっしゃ」などと話す人もいました．

私はいつの間にか路上で出合ったり，庭先に出ている人の姿を見ると，だれでも声をかける習慣になっていました．「今日は．みんな元気ですか，変わりないすか」とか，「先だってはごちそうさんね．いつもお世話さんです」と，だれかがどこかで親切にされる人もいれば，してあげる人もいると思うと，みんな助け合っていることへのお礼の挨拶みたいなつもりで，言葉が自然に出ました．（今もそうです）

保健婦としての私は，村の人たちの生活の中に入り込み，そこで教育されて活動させてもらったように思います．しかし，当時の国民健康保険の組合運営は，日々逼迫の一途にあり，崩壊の危機を迎える中で，徴収員は毎日組合員から言いがかりをつけられ，ほうほうの体で帰ってきました．

このような国保事業の中で，東北更新会による保健婦講習会が1942（昭和17）年8月山形県瀬見温泉であり，私は妊娠8か月の身重で参加しました．1943（昭和18）年8月には秋田県高清水で講習会が行われましたが，ここにも生後9か月の長男を連れ，お手伝いのおばさんといっしょに参加して学びました．これらの講習会に参加できたのは，養母のひでが私を理解してくれたことと，夫の協力が得られたお陰だと思っています．

1）母性補導員を設置して村の生活に動かされた保健婦活動

前記したように，農家のお嫁さんのほとんどは，農業の家族労働

力として迎えられ，自由に休んだり外出するなどということはまったくできませんでしたが，当時村には女子青年団というのがあってたびたび会合を持っていました．私の知人が団の世話役をしていたので，行事のことなどを保健婦の私に知らせてくれたので，私も参加してみました．

「娘だからできるけれど嫁さんではできないこと」が話題になっていたので，私は「結婚して子どもにしてあげたいと思った時など，貴女たちのような娘さんが姑の橋渡しになって，お嫁さんの気持ちを伝えてもらえば，どんなにか心強いだろうと思うよ」と発言しました．すると，「おらたちで役に立つんだったら手伝うから，何でも言いつけてけさい」という返事があったのです．

このことを村長にも報告すると，村長も「やってみればいいさ」とあっさり賛成してくれたので，さっそく女子青年団の団長と相談をし，12人の世話役員の名簿をもらいました．そして，村長に委嘱状を出してもらうために『母性補導員』という名称をつかいました．

その後，母性補導員の会合を毎月行い，村の行事の打ち合わせだけではなく，私の仕事の内容や，私から見た保健衛生上の問題，お姑さんの立場，お嫁さんの立場になった話し合い，嫁姑の間柄等々について考え，国保事業を円滑にするため，母性補導員としての役割を見出してもらいました．

例えば，母性補導員との話し合いで，検診の通知書を配布する時の宛名は世帯主にしました．おじいさんが世帯主であることが多いため，赤ちゃんや妊婦検診では，保護者と世帯主が別な時もありました．世帯主の発言力を利用するように配慮した文書を，世帯主に話しながら手渡し，理解と協力が得られるようにしたいというねらいからです．

検診日には，手伝える母性補導員は受付の仕事を手伝いながら，自分たちの役割を見出そうとしていました．この母性補導員の母親

たちには,「娘がいつもいろいろなことを教えてもらっているそうで有難うございます」とお礼を言われました．むしろ私のほうが援助を受けたり，部落の情報を届けてもらったりで活動しやすかったのですが，親たちは自分の娘が村の仕事に役に立っていることを，誇りに思っているようでした．

戦後の混乱期が過ぎた1950（昭和25）年ころには，母性補導員だった青年たちは結婚して村を去って行きましたが，今その人たちが実家に来た時に偶然合ったりすると，「あの時のことは結婚してからとても役に立ったんです」と言われることがあり,「ああ良かった」と1人満足することがあります．

2) 戦時下での活動

村に住んでいる人たちはさまざまな病気になると，精神面でも経済面でももの凄く負担がかかるので，その負担を軽くすることで生活が向上されれば，東北更新会事業や，国民健康保険組合活動の目標に近づけるのではないかと私は思いました．

戦時下では，大切な大黒柱になっている主人や，息子が戦場に召集されると，老人や婦人にかかる労働がいっそう強くなりました．しかも，いつ達者で帰ってくるのかもわからないので，精神的な疲労に耐え，農業を守らなければならない出征軍人の家族に対する私の思いも，日に日に強くなりました．

私も長男を産み，だれもいない部屋に1人寝かせて働きに出るのですが，ある日養母から,「子どものことで忙しい思いをするなら，保健婦をやめたほうがいいんでねいの」と言われました．どんな意味で言ったのか理解できなかったのですが，どうしようかと迷いました．しかし農家では，出産後の休養も十分にできずに働き始め，子どもの世話も思うようにならず，労働に追われている母親がたく

さんいました．ですから，私も他の若い母親たちといっしょに知恵を出し合って，育児をしながら保健婦として自分を育てて行く道を選びました．

刻々と変わっていく社会は，ついに戦時体制へと移り，精神的にも経済的にも人々にますます重い負担がのしかかってきたのです．このころ，私は役場から妊婦に体力手帳を交付する仕事を言いつけられました．私は妊婦健診もこの交付台帳で案内を出すことにし，初めて妊婦健診を隣保館で行うことで，母性補導員が案内状を配布してくれました．健診医師は姉歯房雄医師でした．

この健診の時，隣保館の庭の砂場でしゃがんで，私たちが会場に着くのを待っていた40代の妊婦が，私のところに寄ってきて「おしょうすいげんとも（恥ずかしいけれども），お母さん（姑）に健診に行ってござい．達者な子を生まねぐねいんだからと言われて，そむぐわけにもいかねがら来たんです」と言いました．この人は確かまだ妊娠5か月くらいで，その当時の健診にしては早いほうでしたが，実はご主人に召集令状が待っていたからでした．恥ずかしそうな様子だけではなく，どこやら寂しそうな顔つきでしたので，「中に入って待っていてね．楽に腰を下ろしていてね」と私は言ったものの，何を話してよいかわかりませんでした．この婦人は小学校に入った子どもなど4人の子の母親でした．ご主人が召集された後の心配もあって，悩んでいたのだろうと気づいた時，私は慰めの言葉も励ましの言葉も出なかったことを後悔しました．

幼い子どもを置いて出征するご主人たちも，「後のことはよろしく頼みます」と，隣近所や親類や友人に挨拶回りをしながら，心の中では密かに，「再びもどれないかもしれない」と考えたことだと思います．家に残る奥さんやお年寄りなどは，ただただ達者で帰って来てくれと祈って見送りました．

国防婦人会の婦人たちはタスキをかけ，千人針の布を持って皆に

縫ってもらうために歩きました．（千人針は虎の絵の型を一針ずつ多くの人に縫ってもらい，これを胴巻きなどに縫いつけたものを身につけ出征するというものです．「虎は千里行き千里帰る」という言葉になぞらえ，無事帰還の心をこめて作るものだったのです．藁をもつかむ思いとは，このことだったのではないでしょうか）私も路上で頼まれて何度か針を持ちました．

夫に招集令状がくる．今野ひで，夫，長男と筆者（右）1944年．25歳

当時，「今度はどこの方が応召されるんですか」と聞くと，出征する人の家族の状況などをよく教えてくれるので，私はできるだけその家族を訪問しました．そして「このごろ便りがありますか」と訪問して聞くと，「入隊してから面会もさせてもらえない．どこにいるのか，どこへ輸送されたのかわかんねいです」と話されると，何も言えなくなりました．「そのうち元気な便りが来るから待ちすぺね．子どもさん大事にしてね．あんたも疲れねいようにね」と，私は挨拶か慰めか，また励ましかわからないような声かけしかできず，歩き続けました．

1944（昭和19）年2月には，私の夫にも召集令状が届き出発しました．蛇田村だけでもその時10人近くの人たちが一挙に応召され，いつ，どこから，どっちの方面に輸送されたのか，まったく連絡もありませんでした．しばらく音信もなくみんな心配していたころ，北方で輸送船が撃沈されたらしいという情報が流れました．2か月

後に何通ものハガキが届き，私の主人も無事北千島で勤めているのだとわかりました．撃沈され沈んだ船に乗り合わせた，同郷の出征軍人の訃報があっちにもこっちにも入った時は，とても心が痛んで家族と顔を合わせることさえできませんでした．老いたお母さんと身体の不自由な奥さん，2人の幼な子を残して，北海に沈んだ兵隊さんのお母さんから，残された若い奥さんの処遇について悩みを聞かされ，ともに泣いたこともありました．

戦後，私は北海道を旅行し，国後島が見えた時，「あの辺の海は何千人の尊い命をのみ込んだことか，あの時は2月だったから海は凍っていたのだろうか，どんなにか冷たかっただろうに」と，胸がこみあげてきて，息を飲み込みながら，千島列島の方角を見つめたのでした．

1945（昭和20）年には，いよいよ本土の危険が迫ってきました．灯火管制下で空襲警報が鳴り響く中，私は2歳半の子を寝かせたまま，モンペと防空頭巾をかぶって自転車で役場にかけつけ，救護体制に入りましたが，この時は私も命懸けだったので，子どもをどうしようかと迷いながら，自転車のペダルを踏む毎日でした．

終戦の日の8月15日は，家庭訪問から昼食のために役場にもどった時でした．職員たちがざわめいているので，「何かしたの」と聞くと，「戦さ負けて降参したんだって，ソ連兵が来っかもしれねいんだ．めぼしいものはみんな取り上げられっかも」，「今，天皇陛下がラジオで放送したんだげんども，何んて言ったのがよく聞き取れねがったもんね」と言われました．さまざまな噂も出ていたのです．

このころは，国民健康保険の医療費がかさむ一方，組合費の未納が増え，職員の給料も未払いが続いて，私も無給で保健婦活動を続けていました．専任の事務職員も退職する中で，乳児健診の事後指導相談の他に，風邪や腹痛，神経痛，高血圧等々の治療薬を医師から預かっていましたし，保健婦に注射を求める人が毎日事務所に訪

ねて来るので，私は否応なしに医療行為に振り回されました．

3）伝染病発生を追いかける

(1) マラリア

　終戦後は，南方からの帰還兵士の多くがマラリア熱に冒されていました．真夏だというのにあっちこっちの家で，厚い布団にくるまって震えながら寝ていました．家族はただ慌てて心配しているのに，患者は「キニーネを飲んだから大丈夫だよ」と家族をなだめていました．私も連絡を受けて駆けつけ，初めてマラリア患者を見ましたが，熱が40℃もあるのに驚きました．それからマラリア看護の本を読みましたが，現状を見て患者から聞くほうがよくわかりました．

長男と長女．1948年

(2) ジフテリア・百日咳

　戦時中は予防ワクチンもなく，かなりの患者が発生しました．生後まもなく百日咳肺炎で死亡する乳児も多く，乳児死亡の1位を占めていました．

　私が1947（昭和22）年1月に第2子を出産し，産休をとっていた時です．百日咳の子どもを連れて医者に行ったところ，「この薬をやるから保健婦に注射してもらいなさいと持たされて来たのでお願いします」と言い，コヒナゲンという注射液を持って訪ねてきた母親がいました．私は自分の子に伝染するのが恐ろしくて，エプロンで防備し玄関で注射をして帰ってもらいました．

　ところが，予防に配慮したと思っていたのに，やっぱり子どもに

百日咳が伝染しました．石油の空き缶でアンカを作り，部屋を暖かくして子どもに暖を取り，抱いて寝ました．夜半の寒い時に呼吸困難でチアノーゼとなり，医師の往診を願ったことが幾度もありました．生後2か月足らずの乳児の百日咳なので，体力もなく，いつ息が絶えるのかと毎日心配しながら，それでも私は，その子を寝かせて訪問活動を続けなければならなかったので，毎日が不安と苦しみの日々になりました．幸い復員した菅原医師が医院を再開し，夜半でも自転車で往診に来くれたので，そのお陰で4か月ほど経てやっと回復し安心しました．

(3) 腸チフス

　腸チフスの予防接種は朝5時の農作業に出る前に行いました．民家の軒先や集会所などを会場に，2人の老医師が下駄履きで自転車に乗り，来てくれました．注射が終わるとすぐ農作業を始めるので，「注射部位は汚れた手で触らないようにね」「少し休憩をしてから働いてね」「今晩はお風呂に入らないでね」と，私は1人1人に事後指導の言葉を贈りましたが，ぜんぜん守られないようでした．発赤，腫脹，発熱の症状がある人からの相談も受けましたが，死亡例もなく，また，今のように予防接種の副作用で騒ぐということもなかったので，さほど神経を尖らせることもなくすんでいました．

　ある時，家庭訪問の途中で，農家の門口で心配そうに立っているおばあさんがいましたので声をかかました．「おらどこの孫，今ガタガタ震えて，布団かけてやったけど止まんねから，畑にいる母ちゃんをだれかに呼んでもらいたいと思って見てたんでがす」と言うので，私はおばあさんの後について家の中に入ったところ，茶の間の畳の上で，目をひきつらせ硬直状態になった子どもがいました．額は熱く，聞けば朝から元気がなくだるそうで，1度嘔吐したようでした．とりあえず浣腸をしたところ粘血便を排泄し，「痛い」と低

い声で唇が動きました．頭を冷やしてやりながら湯タンポを入れて臍の辺りを温め，畑にいるお母さんを迎えに自転車を飛ばしました．それから，リヤカーに母親が子どもを抱いて乗って，父親が自転車にそのリヤカーを結んで病院に駆けつけました．私は便と嘔吐物を土に埋めたり始末をして帰りましたが，今のように保健所への届け出もなければ，検便の指示もなく，1週間ほどで元気に子どもは退院してきました．私は最初に「疫痢」を想定したのですが，そうではなかったと聞き安心しました．しかし，正直なところ何だったのか疑問が残りました．腸チフスとは聞かず病名も明らかにされなかったからです．

(4) 発疹チフス

「山田さんが死んだので消毒に行くからいっしょに行こう」と言われ，「発疹チフスらしいんだ」と役場の衛生係の薄井さんが言うので，山田さんの家にいっしょに自転車を飛ばしました．山田さんは近くの親類の家の農作業を長らく手伝っていましたが，「高熱で風邪だから」と仕事を休んだその日に死んだと聞きました．

家の外へ投げ出された，汚れたボロボロの寝具の縫い目，折り目に，行列するシラミには目を背けずにはいられず，手の出しようもなかったので，「熱湯をかけるか」「いや，庭で燃やすべ」と相談をしていると，奥さんの姿が見えないことに私が気がつきました．すると，「旦那の働き先の家のおばあさんもあやしいようなんで行ったらしい」との返事がありました．

畳の合わせ目までシラミの行列なので，薄井さんがDDTを真っ白に散布し，保健所の係員と連絡をしているうちに，私のほうはおばあさんの家に向かって自転車を踏み始めましたが，すぐ「そっちも今死んだ」と知らせを受けました．山田さんの奥さんはあんなに近い接触者であるのにまったく元気でした．抵抗力（免疫）が奥さ

んにはあったのか，それほど体力の壮健な人でもないのに，不思議に思いました．

発疹チフスはそれからもぽつぽつ続き，私は死亡者の疫学調査にも少し参加させてもらいました．それから小学生の頭にもDDT散布をとなり，衛生係の薄井さんは協力員とともに走り続けていました．そして，各家での布団干し，下着交換などが頻繁に行われ始めたのです．

(5) ワイル氏病

発疹チフスの騒ぎから1，2年経た時，訪問先から事務所へもどったら，「勝ちゃん，〇〇さんがワイル病つうので死んだんだってよ」と言われました．ワイル氏病という病名は知っていましたが，自分の村で発生し，私が出合ったのはこれが初めてでした．

口から口へと話題は早いもので，ワイル氏病の伝染経路や患者の症状については，みんなに教えなくても，逆にみんなから聞かされて教えられるような状況になりました．私は泥沼みたいな田んぼのある昔からの地域なのに，なんで今発生したのか．今まで何もなかった田んぼなのに，ほんとうにその病気が知られなかったのかと疑いました．しかし，この病気でも命を失った人が数人出ました．病気の原因は黄疸出血性スピロヘータ（レプトスピラ）で，それまでは知られず，幸い石巻の医師日野先生が予防ワクチンを作っていましたので（研究していたというのか），先生は希望者に注射をしながら予防指導をされました．

その後，死亡者は出ませんでしたが，私は新しい病気と出合って学ぶことが多く，泥縄式になりましたが，① 長靴・手袋をつけること，② 酒の暴飲で肝機能を傷めないこと，③ 栄養は蛋白質・ビタミンを欠かさないこと，などのチラシを作って配布し，予防指導を行いました．

(6)結核

　石巻保健所の伊藤規所長の指導で，結核予防教育をすすめるために，1週間連続で毎日午前，午後，夜の3回に分けて全部落を回りました．人々の集まりが悪く時間だけが刻々と過ぎて気をもみましたが，「結核は自分たちとあまり関係がない」と思っていた人が多いことが後でわかりました．

　しかし，私の訪問した家の例では，長男，父，母が結核で死亡し，長女や3男も罹患して，大農家の田んぼをあっという間に医療費の支払いで失っていました．その家の祖父が感染源で，家族感染だったとわかった時は発生から何年も過ぎていました．このような事例と遭遇するのは好ましくはないのですが，人々に予防の大切さを説明する上でも，また自らを管理する上でも，私は事例の経験を大事にして，それを生かすようにしました．

6．国民健康保険組合が公営となる

　1948（昭和23）年に，国民健康保険を公営にすることになりました．国民健康保険組合の赤字を処理し，1949（昭和24）年度に蛇田村国民健康保険事業が実施され，私も蛇田村の保健婦という身分が保障されることになりました．

1）母性の保健意識高揚を図るために母親学級を開設　母親たちを組織化して母性クラブ連合会を結成へ

　戦時中の婦人組織は「国防婦人会」といって，どちらかと言えば知識層の主婦が中心の組織でした．しかし，彼女たちは戦後の法改正にも敏感に反応し，中川善之助氏による新しい民法の講演会や，サンガー婦人の家族計画の講演記事を話題にして，勉強会を始めていました．

　私はこのことを訪問先の会員から聞き，「若いお母さんたちに，婦人の生理の話も大事なんだけど，おばあさんたちが嫁さんに子どもはこれ以上生まないようにとも言えないし，今はこれまでのようにたくさん生み育てることが，国からほめられる社会ではなくなったけれど……」と言いかけたところ，おばあさんが「勝子ちゃんみたいな人に教えてもらえばいいのっしゃ．おらたちから生むのはやめろって言えねいもの」と笑いました．

　1949（昭和24）年ごろは母子対策事業が方々ですすめられていて，母子関係の印刷物が寄せられた中に，『母親学級』の文字が目に入り，関係書類にていねいに目を通しました．そして，若い母親たちの学ぶ機会を設けること，そのためには，婦人会の役員たちの理解と協力が必要であると思うようになりました．

　私は隣保館で開かれていた婦人会役員会の席を借りて，「若いお母さんたちが勉強する母親学級を開きたいと思います．月1回開いて6回程度で終了することにし，内容は女性の生理・妊娠の成立・妊娠中の保健・分娩・出産後の育児・家族計画などです．1教室40～50人くらいで開設したいのですが，これについては，婦人会の役員の方に顧問を頼み，運営上の相談指導を仰ぎたいと考えています．第1回目はできれば支部長さんの家の方か，理解していただける会

員の家のお嫁さんから，参加してもらえるようにご指導いただきたいのです」と，ていちょうにお願いをして協力を求めました．
　私は，どんな意見が出るのだろうかと少々不安でしたが，副会長で役場の助役の奥さんが，
　「それはいいことですね」と言ったことがきっかけになり，「そうでがすね」と賛成してくれました．そこで，持参した参加申込用紙を配り，取りまとめの依頼をしました．その後，村医となった国民健康保険の運営委員鈴木甲司産婦人科医師や，小原幸作石巻保健所長，宍戸孔一蛇田村村長に説明をし，了承と協力の依頼をしました．
　1950（昭和25）年4月，役場の2階の会議室で第1回の母親学級の開会式を行いました．講師，校長などに楽しく挨拶をしてもらった後，50人の学級生の勉強が始まりました．6回のうち3回以上出席をした人には修了証を渡し，2年間4学級を続けることができました．
　母親学級終了の際は，「この母親学級に入れなかったお嫁さんたちのためと，私たちがこれから生活改善を行い，健康を守りながら部落ごとに集まって明るく話し合えるように，みんなに呼びかけてもらいたい」と私はお願いをしました．訪問をしながら私の呼びかけの反応を聞くと，「みんな賛成だが夜ならば」という希望のため，夜に集会を始めました．昼働いて疲れているにもかかわらず，会場には続々とみんなが集まってきました．
　この集まりは1か月に1回，各部落に会ができて，思い思いに会の名前をつけた集いとなりました．例えば『白梅会』『きさらぎ会』『やよい会』『若葉会』などで，お世話役の会長や副会長も参加し，自分たちで運営をしました．私はその会に出席し衛生教育をするだけでも月に9〜10回，その他要請があれば夜の集会に出るので，月の半分は夜の集会で話をすることになりました．この会の全体の名称は『母性クラブ』と名づけ，この会の育成という新たな仕事が始

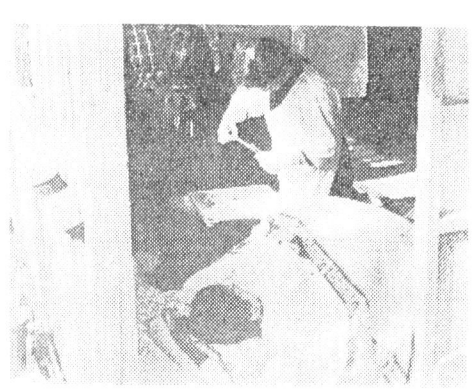

1950年当時の保健婦活動（蛇田村にて）
① 病人の看護（手洗）
② 病人の看護（検温）
③ 赤ちゃんの日光浴．左から祖父，曽祖母，祖母，母親，筆者と乳児
④ 田んぼ側の路上での健康相談
⑤ 会員の自宅で母親学級

まったのです．この会を開くことについては，次のことを取り決めました．

○ 会に出る時や終わった時には，姑舅に「出席させていただきます」「行ってきました」遅い帰りになったときは「遅くなってすみません」と挨拶をすること

○ 会で話し合ったことの主な内容は，「子どもの育て方のお話を聞きました」「女性の生理のお話でした」など簡単に報告をすること

妊婦検診で採血の仕事．母性指導員と筆者（右）

○ 雑談を交わすこともあるが，だれが何を言ったということは絶対告げないで，その時だけの話題とすること

○ 子どもを預けてくる時は「お願いします」と言うこと

当初は会は，私が持ちかけた問題を中心に開いていましたが，しだいに母親たちの質問が多くなり，積極的な活動になって，1954（昭和29）年には『蛇田村母性クラブ連合会』を結成しました．そして，中新田や三本木など他の組織との交流や施設見学，講演会と学習の場を広げ，自分の考えで生活の工夫をするようになっていきました．

私が初めて産婦や乳児を訪問し，赤ちゃんを入れる嬰児籠（えじこ）や哺乳瓶が気になり，乳幼児の心身の発達や保健衛生の面から，どのように話したらお姑さんたちに理解され，円滑に快く協力を得て廃止できるものかと，思い続けた嬰児籠は10年間の中で姿を消しました．今でもあの嬰児籠を小さく編み，蓋づきに作ったご飯のお櫃入れが，

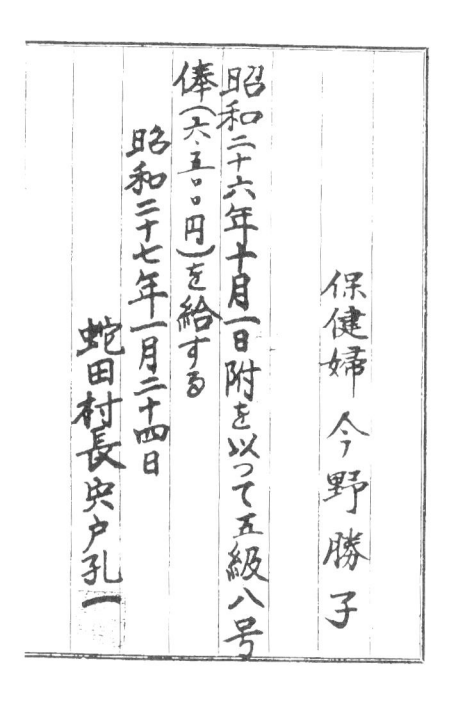

残り惜しそうに置かれていることがあり，「嬰児籠さ入れて育てたんだが，こんなに大人になったものね」と笑い草になっています．

2）保健補導員を設置して協力を得る

母親学級を終えて，自分の住んでいる部落のお嫁さん仲間に組織づくりの声をかけ，話を伝えて夜の集会ができるまでには，部落に以前からあった婦人会と，そこの支部長さんたちの了解を得るためたいへんな気配りをしました．学校長の奥さんで婦人会の会長だった人が，「お嫁さんたちが集まれば，みんなお姑さんの讒言だけを語り合うから，参加させないのがよい」と言われたため，その部落のお嫁さんの出足が抑えられましたが，「そうでなければいいから私は参加する」と勇気を出して集まって来るお嫁さんたちもいました．

母性クラブを部落ごとに世話することになった会長たちは，私の活動に積極的に協力をしてくれました．彼女たちは保健事業について部落へ周知を図り，また部落の様子，家にいる病人のこと，お嫁さんの悩みごと，子どもの心配ごとを，私に伝えてくれる役割を担ってくれました．

1954（昭和29）年には，母性クラブ連合会発足と同時に，部落ごとの会長を『保健補導員』という名称で村長さんから委嘱してもらいました．無償の協力でしたが，みんな好意で活動をし，住民と保

昭和二十六年十月一日附を以って五級八号俸（六、五〇〇円）を給する
昭和二十七年一月二十四日
蛇田村長 宍戸孔一

保健婦 今野勝子

3）県は市町村保健婦を県職員に『併任措置』をとり，結核訪問指導をさせる

1952（昭和27）年に市町村の国保保健婦を県職員に併任扱いとするという措置がなされました．もともと県職員であった保健所保健婦は，市町村国保の保健婦が，処遇のすべてに劣悪な

結核集団検診．保健所の職員，養護教諭，村の国保係の職員と．後列右が筆者．1958年

ことを意識していました．給料が低い，制服や訪問鞄の支給がないなど，定例の保健婦業務研究会では県職員の処遇と比較しながら，国保の保健婦たちは国保連合会の指導保健婦である梅原さんに訴えていました．後日梅原さんから，国民健康保険の保健施設費への助成について，中央関係機関へ働きかけて下さったと聞きました．

このような状況の中で県は，……結核対策の一環として，在宅結核患者の訪問指導を国保保健婦に依頼し，訪問結果を保健所に報告させ，訪問旅費として一律年間500円を支給する，という内容で，市町村国保保健婦を県職員に併任する措置をとりました．

この時は，国保の保健婦の初任給が5等級1号俸で給料表の最低であり，県と格差があること，市長村長の了承を得ないで併任辞令を出したことなどで不穏な囁きが出ました．

石巻管内市町村国保保健婦の業務研究会のまとめ役だった私は，この誤った措置を正すために国保中央会にいた大坂多恵子氏を招いて，この事情を話し合い，市町村の保健婦と保健所保健婦のそれぞ

れの結核対策上の役割を明らかにし，両者間の連携指導のあり方を新たにするように努めました．

　以上のような問題の出る中，1955（昭和30）年石巻保健所長からの依頼の連絡を受け，在宅の結核患者に週2回ストマイ注射をすることになりました．国立宮城療養所から退所後も入退院をくり返し，生活も困窮している患者で，交通も不便な地域に住んでいるため外来治療もできない患者でした．

　ちょうど保健婦学校の第1回実習生の倉石千賀子さんが私の村に実習に来ていて，この事情を話して2回ほど訪問しながらストマイ注射を頼みました．倉石さんは，私たち保健婦が貧困と疾病の狭間で，心ならずも手を出さなければならない現実を見て，理想にはほど遠いものを実感したのではないかと思います．

4）母性クラブ活動での思い出

　村では，農繁期になると過重労働，疲労などから後日体調を崩してしまう人がいるので，栄養のとり方，昼休みの必要性，保存食を作り蛋白質が不足しない方法など，石巻保健所山田栄養士の指導で，代表者を石巻保健所に集め講習と実習をしました．農繁期の食事は実際どのように献立されているのかもわからなかったからです．

　1951（昭和26）年に農繁期の5月と10月の3日間の食事の実態調査を行いました．食事内容を知るために会員各自の家の料理名，量，材料名，調味料使用量，食事をした家族の年齢層を記入してもらったのです．対象地区は『白梅会』という母性クラブの組織の会員のところで，水田が多い反面比較的広い畑を耕作している地区でした．大雑把な調査でしたが集まった記録を石巻保健所へ持参し，集計と分析をしてもらいました．

　その結果，山田栄養士の講評は，

○ 魚介類の摂取が意外に多かったので動物性蛋白質は問題はないが，植物性蛋白質は味噌汁からしか摂取していないため，少々不足している
○ 脂肪摂取が不足している
○ カルシウム摂取が不足している
○ 糖質を過剰摂取している
というようなことでした．分析の結果の評価資料の内容に対しては，山田栄養士から次のような指導がありました．
○ カルシウム味噌の作り方
○ バターで椎茸や牡蛎を炒めてご飯を作る実習－（当時は動物性脂肪はほとんど摂取しておらず，獣肉類の家庭料理はなかった）
○ ワカメのてんぷらの揚げ方等々
　1日に数種類の料理実習をしましたが，さっそく食卓に出せるものがたくさんありました．（カルシウム味噌は2年後に試食しましたが，舌味の変化がまったく感じられませんでした）翌年からは農

母性クラブ発表会．蛇田村公民館．1951年

繁期食事献立例のいくつかを作成し，農家に配布し，参考にしながら栄養改善指導に取り組みました．

　家庭での育児については，児童教育の場で，毎日の親と子の接し方が「躾(しつけ)」であると言われていることから，子どもの認め方，褒め方，叱り方などたくさんの例を上げながら講演を聞く会を開催したりしました．講演会では大勢の母性クラブの会員が聴講し，自分たちが日常気づかなかった姿を反省させられました．この時の講師は，県教育委員会から派遣されてきた鈴木道太先生でした．

　その後も，心身の発達を正しく促進させるための知識を得ようと，県の児童相談所に依頼し，児童心理について宇津木えつ子氏を招いて講演会を開きました．しかし，親としてはいろいろ学習をするけれど，家庭では実際に子どもに対する姑と若夫婦との間に認識の隔たりがあり，それを埋めるにはまだまだ時間がかかりそうでした．

　家庭の躾と学校生活を考えようと，小学校の校長先生にお願いして授業参観をさせてもらったこともありました．（自分の子どもがいなくても母性クラブ員が参観できる）この授業参観で，学校生活での遊びも運動も人間形成に影響を及ぼすということでしたので，野球をして楽しんでもらうということになり，1チーム9人分の野球のユニフォームを母性クラブが小学校に贈ったこともありました．これには，蛇田村全戸に趣意書を送り，会員から1戸当たり10円の寄付をもらい，そのお金で天竺の布を買い，会員の1人である宍戸うめ子さんに縫製をしてもらって学校に届けたのです．この時は，寄付金の残金でサッカーボールを買い，これも寄贈しました．

(1) 保健相談室を確保して健康相談に応じる

　母親学級の開設に伴い，女性の生理や受胎調節のことなどが話しやすくなったためか私の出勤を待って役場に相談に来るお母さんが増えました．お母さんたちの相談は，他人に聞かれたくないことも

多く，衝立を使ってみましたが，やはり個室が必要だと気づき，上司に相談をして，2階に上る階段下の物置の小部屋を保健相談室として使わせてもらうことにしました．今まで衛生係が保管していた予防接種用の戸棚や赤ちゃん用体重計，身長計，衛生教育用幻灯機などが徐々に揃って，相談室らしくなり，私が朝出勤するともう2, 3人が入って待っていて，私が来るまで女子職員が気を使ってお茶を出してくれました．

「腰が痛くて仕事ができねんだけど針がいいのか，マッサージがいいのか，どうしたらいがんべ」と男性が相談に来たこともあり，「それは椎間板ヘルニアとかいろいろあっから，1度整形のお医者さんに診てもらったほうがいいんでないかしら」と言うと，「どこの整形ならいいのっしゃ」と聞かれました．

また47歳のお母さんが来て，「下っ腹さ，何だか腫れ物ができたようだ．何だべなあと思って手で触ってみたら，動くような気がするんだよ．月のものも止まって1年近くになっから，まさかと思うけど診てけねいべが」と言いました．私はその場では診られないので，2階の長テーブルの上に寝かせ，こっそりと下腹部に触れてみて，すぐ妊娠とわかりましたが，それからどうしようという相談になり，昼休みにはご主人と3人で相談をして，結局産婦人科医師の門をたたいて入院しました．

この事例の相談以来，基礎体温法やオギノ式（避妊法）の説明だけではなく，受胎調節器具の使い方の実際を，自分で体験をしながら普及し，家族計画の強化を図りました．また，相談室には，乳幼児の「精神発達に応じた育児」などを，画用紙に大きな絵を書いて貼ったり，「村の衛生統計」，「伝染病予防の心得」など，私を待つ間に目で見る育児指導をして，少しでも関心を深めようと考え，さまざまな工夫をしました．

5）恐ろしい妊産婦の異常に出合って

　1943（昭和18），1944（昭和19）年ごろのある夜，寝静まったころに「今晩は」と大きな声で呼び起こされました．私はすぐ身支度をし，雪の降る中を1時間ほど歩くと，1軒家の妊婦の家に着きました．さっそく診察をすると横位分娩で，片方の手が脱出しそうになっています．私は産婦人科医の往診が必要なことをご主人に話し，ご主人が歩いて頼みに出てから人力車に乗った医師が到着したのは明け方でした．

　診察をした医師は「すぐ連れて来なさい」と言い残して帰ったので，ご主人は3〜5分かかる隣の家々に応援を求めて走りました．事情を聞いた同じ部落の人が7人ほど駆けつけ，板に妊婦を布団ごと乗せ，回りも寝具類で包み帯紐で戸板を担ぎましたが，歩き出した時はすっかり陽が昇っていました．私は，妊婦に努責をさせないように陣痛に耐えさせ，胎児の心音を聞きながら，脱出しかけた上肢を子宮内へ復納させましたが，病院に着くまでの間に，戸板の上でどうにかなるのではないかという心配は，口には出せませんでした．この妊婦は40代半ばの経産婦で，その後母子ともに命に別状はなく出産したと聞いた時には，「ああ死なずに生きてもらった」という思いでほっと胸をなでおろしました．

　悪いことは重なるもので，やはり夜遅く迎えられて妊婦の家に行った時のことです．薄暗い裸電球の下で2人の子どもが，お母さんの痛みに堪えた顔を見ているところで，私の到着と同時に児を娩出しました．ところが，後陣痛の痛みを異常に訴え，腹部を冷やしてタンポン挿入をしても出血が止まらず，医師の到着前に産婦は命を落としてしまいました．

　あの時の2人の子どもたちの顔が，今も目に焼きついています．

あんなに悔しく，悲しい思いをしたあの夜の光景を，思い出したくはなかったのですが，あの時の子どもが50代になって，魚の行商をしている姿に偶然出会った時がありました．母親の話をする勇気がなかったので，「寂しかったでしょうに．元気で働いてね」と心の中で呼びかけ頭を下げると，にこにこしながら挨拶してくれました．このことが私のせめてもの慰めでした．

　私には，出産をめぐるさまざまな思い出がありますが，以上2つの事例は，いずれも40代半ばの経産婦で，零細農家の細々とした暮らしのために，妊娠中診察も受けたことがなく，1人は強度の妊娠中毒症の主婦でした．

　病気への対応のことでは，私が1942（昭和17）年に東北更新会の保健婦講習会を受けた時，岩手県から来た保健婦が報告したことを，いつでも思い出します．彼女は岩手県の山奥の村で活動していて，病気で医療を受けるにも，町まで7里（28km）もあり，悪くなるまで我慢している人が多い村だったようです．

　ある日，「妻が苦しみ出し，さまざまな手を尽くしたのに苦痛が和らがないから来てくれ」と，ご主人の迎えを受け，膝までもある雪の中を彼女は家に向かいました．ところが，痛みを訴えるところを石で温めたり，炒り塩で温め，看護をしても何の効果もなく，「医師に診てもらわなくてはいけない」と考えて，家の雨戸を外しその上に病人を乗せ，男たちを集めて町の医者に連れて行くことにしたそうです．彼女は積もる雪の中を男の人といっしょについて歩き，時々戸板を雪の上に置いて，患者の脈と呼吸を見ながら声をかけ，また歩くのをくり返していましたが，だんだん患者の反応が鈍くなり，苦痛のうなり声も聞こえなくなることが何度かあったようです．

　7里の山の雪道を歩いて医者のいる町の灯りがかすかに見え，

「さあもう少しだ．がんばってろよ」とご主人が声をかけたところ，静かだったので，彼女は「ちょっと戸板を置いて」と叫び，病人の顔のそばに自分の耳を当て呼吸を聞くと，呼吸が停止した状態で脈も触れなかった．このため，彼女の患者の名前を呼ぶ声もだんだんに大きくなり，ご主人も，戸板を担いでいた男たちも，みんなで病人の手を握り，足をこすり，頬をさすりながら名前を呼び続けたそうです．「もう少しだ」とはいっても，それから小1時間，山1つを回らないとたどり着かず，やっと病院の玄関の木戸を開けるや否や，今まで黙々と戸板を担いで来た男たちが，号泣しながら冷たくなりかけた患者の手に足にすがりついたということです．

当時は，このような話は1度や2度のことではなく，医療を受けられずに命を失う，豪雪地帯の人々の命を守る仕事に，自分の命をかけているという，岩手県のあの保健婦の報告が私の頭に蘇り，当時の保健婦たちの活動のすさまじさを思い起こしました．

6）母子保健活動

石巻保健所に小児科の簡野整毅先生という若い医師が勤務し，小児科クリニックを担当して，保健所管内の乳児健診に当たっていました．蛇田国民健康保険の保健施設事業としての乳児や妊婦の健診も，終戦前後の一時期は中断をしましたが，1949（昭和24）年から2か月ごとの健診として再開し，保健所の簡野医師の診察が行われました．

健診では，「寄生虫卵が乳児にも発見されないだろうか」という簡野先生の心配から，乳児の便検査もいっしょに行うので，簡野先生は顕微鏡持参で検査をしました．私は乳児の身体測定による発育状況や，精神運動機能の発達，離乳開始状況等々，健診と事後指導

によって効果があったことが判断できるグラフを作成しました．

　母親たちの育児知識も高まり，家族の協力にも，今まで育児の指揮者のようだった姑は，側面から協力する側になり，母親が主体となる育児が見えてきました．ある時「そろそろこの成果を発表してもいいのではないですか」と簡野先生が言われました．先生も自分で作った資料が整ったのだと思いますが，私は「皆さんに発表するほどの自信がないから……．まだ早いですよ」とお断わりをしました．

　まもなく簡野先生は，石巻保健所を去られましたが，このころから『くる病』のレントゲン検査が開始され，保健所の藤野技師をはじめスタッフが，機械を健診会場に搬入するようになりました．東北大学の佐野保教授や石川淳一先生，内藤寿七郎教授の講演などを聞き，新しい乳幼児の保健問題が提起される中で，今まで嬰児籠や哺乳瓶の問題がやっと解決したと思ったら，次の問題の乳幼児対策を展開しなければならなくなったのです．

　1955（昭和30）年には，新聞社の河北新報社主催による『宮城県赤ちゃんコンクール』が行われました．1954（昭和29）年ごろから，乳業会社のすさまじいほどの宣伝に，姑たちも迷わされ「俺ら家の母ちゃんはおっぱいうんと出てるんだが，それでもミルク買ってやらねばだめなんだべがね」と聞く人もいました．慌てた私は，「母乳だけで結構だから心配しないで」と話しました．すると「よその家の若い人たち，おっぱい出てるのに薬屋からすすめられてミルク飲ませていだんだと聞いたんで，飲ませねいの悪いんだべかなと思ってっしゃ」と言われました．地域ではこれらもまた問題でした．育児の問題では，子どもが抱かないと泣き続けるのでおばあさんを困らせていることや，着物の着せ過ぎ，おやつは何がいいか，オモチャの与え方などの相談が増えました．このため，私の保健相談室には，赤ちゃんが泣く時の観察の仕方，オモチャは月齢に合わせてどんな

ものを与えるか，おやつはどうするかなど，楽しみながら見てもらうため，絵を書いて簡単な説明を加えたものを相談室に貼り，読んでもらうことにしました．

　私は，訪問先でいろいろな問題が出た時には，内藤寿七郎先生の講演で聞いた次の言葉を借りて伝えることをしました．

○内藤先生の講演の内容
　「最近乳幼児の相談の中で，家の子は抱いてやらないと泣き続ける．抱いてやるとその時は一時止むがまた泣くので，外に出て歩き始めると泣き止む．1日中子どもに振り回されて自分の仕事ができないと母親が訴えました．いっしょについて来たおばあさんも，おっぱいの飲ませ方がへたなのでしょうか．隣が近いのでうるさがられるようなので困っていますと言います．2人の訴えを聞いて診察をすると，身体発育と精神発達，運動発達は何も問題ありません．どうするのか処方箋を出してあげたところ，何と言う薬なのでしょうかとおばあさんが聞くので，飲んだり，貼ったりする薬ではありません．お母さんとおばあさん2人で読んで，おじいさん，お父さんに聞いてもらいなさい，と話しました．

　2人は有難うございますと挨拶をし，背負った赤ちゃんに，さあよしよし泣かないでねもう帰るから，と言いながら背をなでたりたたいたりして歩き出したので，おばあさんにお渡しした処ほう箋は，おばあさんが赤ちゃんに今やっていることをやめて，泣いてもそっとしておくとよく効く薬です．家族みんなでこれを読んで下さいと言いました」……

　私は，内藤先生の話をして，果たしておいしい薬だったかどうか，効果はどうだっただろうか，と考えてもらうことにしました．人々の相談の中には，「○○さんが田んぼで出血して病院さ行ったが流産でねいべが」と，保健補導員が報告してくれたので訪問したとこ

ろ,「だれさも言わねいで,内緒で堕して来てすぐ田んぼさ行ったの.先生に怒られてきた」というお嫁さんや,「なんべんも堕したら体悪くなっと困っから,盲腸炎だと言ってひもを結んでもらおうか(卵管結紮)と思う.お医者さんに頼んでほしい」といった相談もありました.

(1) ワ氏反応陽性の妊婦のこと

「性病予防法」が妊婦健診に適用されたことにより,従来からの妊婦健診に血液検査も行うようになりました.このため,保健婦業務研究会でもワッセルマン反応陽性者の指導で,経路追跡の難問で話し合いを行いました.私も陽性の初妊婦のことで,夫の血液検査を勧奨するのに少し心を痛め,「1度だけでは確実ではない場合もあるので,ご主人もいっしょに保健所に行って,再検査で確かめてはどうかと思う.もし陽性になったとしても,早く治療をすれば感染は避けられるし,子どもも丈夫に育つから」とあっさり話して,理解を得たことがありました.

このことを保健所の医師に報告し,指導を依頼したところ,私が心配したような夫婦間のトラブルもなく,幸い夫は陰性でしたから,妻の治療を行い無事出産をしました.しかし,新生児にも所見があり通院治療を受けました.この児は,治療終了後のレントゲン検査で,一部に骨膜炎の痕跡も発見されましたが,その後病気もせず,40代後半の今も元気に働いています.

(2) 股関節脱臼の乳児のこと

乳児健診で股関節の開排制限があり,先天性股関節脱臼と診断された乳児がいました.その子の母親は結核で入院をしていました.治療を促すために訪問をしたところ,祖母が私を怒鳴るように,「こんなに元気でお尻をついて遊んでいるのに,脱臼と診断される

とは信じられない．整形外科で検査のやり直しをするのでいっしょに行ってもらいたい」と言いました．

親類の人がその子をおんぶし，私も付き添って佐々木整形外科医院を受診し，レントゲン撮影で再検査を行いました．先生から「完全脱臼だ．すぐギプス装着を」と指示されたのですが，「おばあさんと相談した上でまた来ます」と答えたので，「月数が経っている．早くしないと治せない」と先生に叱られ困りました．ようやくおばあさんを説得して，翌日医師の指示どおりギプス装着をしました．しかし，ギプス装着時期が遅かったせいか効果がなく，股関節の復納はできませんでした．この子も今は40代半ばになり，2人の子どもにも恵まれ母親になっています．発見がもっと早かったら治せたかなと思いますが，私を怒鳴ったおばあさんの顔も思い出します．この例と同じころ，結核患者のいる家族の中に，何人か股関節脱臼の乳児が発見されて，両者に関係がないものだろうかと不審に思って，ある小児科医に質問したところ，「それは結核患者が多いからそう考えるのだろうが，因果関係はあり得ないよ」と言われ，私の疑問は否定されました．

7）幼児健診と実態調査

10人の子どもを育てた母親が表彰され，「産めよ増やせよ」の国策に従った世相はしだいに遠のき，「生まない自由，生む自由」の選択はあっても，生まれようとする芽は有無を問わず摘み消されるという人工妊娠中絶が，中学生，高校生の中に増える兆しが見えてきました．

母体保護のための受胎調節実地指導は昭和40年代まで続き，半島や離島にも泊まりがけで指導（ペッサリー挿入とスキンの使い方）を行いました．実地指導を受けてペッサリーを挿入したまま自宅に

帰った婦人がいて,「器具の入っているはずの箱が空箱だ」と電話がありました．私は「家に帰ったら取り出して洗うように」と教えたのですが,婦人は忘れていて,私と電話で大笑いしたことがありました.

　保健補導員の会議は月1回開催をし,部落の情報をこの時に収集しました．この中で「小遣いの与え方が多い」「祖父母が甘やかし過ぎではないか」「母親が子どもの言うなりになっている」などの幼児の躾け方や,古い習慣を意固地に守り続けようとする,老人のことが話題となりました.

　そこで,幼児健診を兼ねて実態調査をすることになり,アンケート用紙を配って健診当日に持ってきてもらいました．用紙の配布,当日の受付,会場の準備は全部保健補導員が協力してくれました.

　3・4・5歳児の健診を終え,アンケートのまとめをして,母性クラブの会合で報告しながら問題点の話し合いを行うと,みんながさまざまな問題で迷っていることがわかりました.
○　5歳児に自分で着物の脱着をするように教えていると,おばあさんやおじいさんから,「こんな小さい者に自分で着ろなんて無理だ．早く着せてやれ」と言われる.
○　オモチャを解体して喜んでいる子に,どうして作り直すのかを見ていると,「また別のを買ってやっから」と,次々とオモチャを祖父母が買い与える.
○　みんなが聞いている中で,「うちの子には1日100円の小遣いを与えている」と見栄をはる母親がいる.
等々です.

　私は「みんな1人1人家庭内のことも考えて,ほんとうに困っている時には私も家族といっしょに話し合うから,そん時は連絡をちょうだいね」と話しました．話し合いの結果「このようにしたいんだが」と自分の考えがまとまったら,話し合おうということで終わり

ました．

　たくさんの不満があるのに，具体的な相談となると引っ込んでしまい，相談に訪れる母親の多くは，問題の原因をおばあさんやおじいさんのおせっかいのせいにする傾向もありました．私は次の会合では，親の考え方や態度があいまいではないかと反省と自覚を促し，家族の協力をもらうように勧めました．

　農作業の機械化や台所用具の電化によって，余裕のできた時間の使い方などもテーマにした母性クラブの話し合いは，次々と話題が広がり，時の経つのも忘れるほど，熱が入ることもありました．それでも問題の解決には程遠いものがありました．しかし，調査をしたことや，その結果把握した問題を，次の話題として考える機会を作ったことは，会員に母親としての意識を高める動機になったのではないかと思います．

8）闇のような精神保健活動

　1人の若い女性が，私と路上で会うなり近寄ってそっと耳打ちをしました．「裁縫学校に通っている友人が休んでいるので，その家に行って母親に聞いたら，『寝たまま部屋から出なくなって4日になる．ご飯も食べず，親が声をかけても返事をしない．どうにも仕様がないからそのままにしている，とお母さんが心配して話していた』どうしたらいいか」ということでした．その後，この家の近所まで訪問をしましたが，何の情報も聞こえませんでした．

　知らせてくれた若い女性が，翌日役場に私を訪ねてきて，「友人から聞いたけど，みんなで生理の話をしていたら，急に口を閉ざし『私は生理がない』と言って，その翌日から裁縫学校に来なくなったそうです」とまた話してくれました．私はこの事情を母親が知らないで心配しているのではないかと思い訪問をしました．

友人の女性から聞いたことや，娘さんのことは知らない顔をして母親と接し，「みんな元気すか．お父さんもいなくて（戦死）淋しいがすぺね．でも子どもさんたちも大人になったから心強いでしょ」と話すと，母親は「あら，いいどこさ来てもらって」と言いました．「どうしたの，何か心配ごとでもあんのすか」と問いかけると，「娘がね，このごろ寝てばかりいてご飯も食べねいんがすてば．体弱っから起きてごはんだけでも食べろって声をかけでも，言うこと聞かねんでがす．何にもしゃべんねいから，何が何だかわかんねいだもの」と，困った状況を私に話しました．「娘さんの寝床さ行って話してもよいかしら」と聞くと，母親は「見てけらえ」との返事なので寝室に入りましたが，「勝子ちゃんだよ．心配して来てくれたんだから話して見らえん」と，母親が私の後ろからついて来て言葉をかけても，娘さんは背を向けてしまいました．やがて，母親が部屋から出たのを確かめるように布団から顔を出したので，「母ちゃん，心配してっから起きて何か食べっぺし」と私が声をかかると，頭だけ下げました．これを見て私は，「具合が悪い時は早く医者に診てもらうのがいいし，あんだの年ごろでは生理も不安定で具合悪いこともあるんだよ．そんなら恥ずかしいと思わないで婦人科の先生に聞くのもいいもんだからね」と立ちながら話し，「役場にいっから何か相談でもあったら私んとこに来てね」と言って帰りました．

　翌日友人の若い女性が再び訪ねてきて，「訪問してくれたんだってね．あの人仙台さ入院したと聞いたよ」と知らせてくれました．どこの病院に，何の病気で入院したのかわからないので尋ねると，「精神科みたいに聞いた」と話しました．3日後の夕方にはこの友人が駆けつけ，「病院から連絡が来て母ちゃんが行った時には，霊安室に移されていて，何だかさっぱりわかんねいらしいと皆が言っていた」と教えてくれました．

　私は訪ねようかと考えましたが，心が重くついつい真実を知る機

会を逃してしまいました．私の話しかけが悪かったのではないかと恐ろしかったからです．

　それから数年経ったころ，3人目の子どもが生まれた若夫婦がいて，その赤ちゃんの額の血管腫を心配しているということで訪問をしました．何度か訪問をするうちに，女児の血管腫はしだいに薄くなり始めていましたが，父親が難聴で，母親が短気で強情っ張りの性格のため，時々衝突していることがわかりました．そして，夜寝る時に夫が妻の枕の側に出刃包丁を差し込むので怖いと言う話も聞きました．

　私は妻の態度を注意したり，難聴の人は疑い深くなるので，父親には優しくわかるように話すなどしましたが，私が父親と話し合うと，（妻は）にこにこして聞いていました．

　その後この男性については，「保健所から何度か入院を勧められているのに，本人が応じないため，ついに係の職員と保健所の職員が強制的に連れ出し，仙台の病院に入院させようと車に乗せた．しかし，走行中本人が尿意を訴えたので車を止めたら，田圃に出て排尿しそのまま逃げてしまった．追いかけたけれど途中で見失った．役場に戻って家を訪ねたらすでに帰っていた」と報告を受けました．

　それにしても，1955（昭和30）年前後の精神保健は，取り締まり行政のような感じで，保健婦としての私は無力でした．家族も一般の人々も，この病気は家の恥のように思って固く口を閉ざし，人目をはばかる傾向でしたし，その上，取り締まるような対応の仕方でしたから，暗くてつらい問題でした．

7. 養母「ひで」の死と「保健婦」の選択

　石巻市は1959（昭和34）年4月から国民健康保険事業を開始したため，私は蛇田支所勤務から石巻本庁勤務になりました．（蛇田村が石巻市に合併，それまで蛇田支所の保健婦として活動をしていた）
　新しい職場の石巻市役所の保健婦は，2人の新任者と他町を退職し石巻に入った人，そして私の計4人になり，活動をどう展開するか，どんな資料が必要なのかなど相談をしながら，市内の地区へ足を運び始めました．
　それから間もなくの1年後，私の養母「ひで」がクモ膜下出血のため死亡しました．分娩介助中の発病で，23日間を在宅看護しましたが命を取り戻すことはできなかったのです．脳血管障害の医療が今日のように発達していたら，もう少し社会生活を楽しめただろうに，と心残りでした．村の人々からは信望の厚い母で，民生委員やお年寄りたちへの世話もすすんでやっていたので，みんなに惜しまれました．
　さて，その後に残ったのは助産婦業でした．「ひでちゃんが亡くなったんだから，後は勝子ちゃんが役所をやめて産婆さんしてくれるんだべちゃね」「おら家さ孫生まれっから日のいい時診察頼むからね」という電話の返事に困りました．このころには自宅分娩から施設分娩にかわり始め，助産婦の行う出張助産に対して，開業の産婦人科医師は批判的となりつつあり，万が一予期しない異常が発生

した場合の対応には不安も伴っていました．

　一方，助産婦自身の生活時間は相変わらず不規則で，健康の自己管理が難しいなどの問題を考えると，どうしたらよいものかと迷う日々でしたが，保健婦は仲間とともに考え，地域で暮らす人たちに学びながら，仕事を通して自分が成長する楽しみがあることと，自分の将来を考慮して，助産婦ではなく保健婦という道を選択する決心をしました．

8．石巻市国民健康保険の保健施設

1）保健婦活動への新しい課題に対応して

(1)チリ地震津波被害地活動

　1960（昭和35）年4月養母が亡くなり，その1か月後の5月27日にチリ地震による津波が襲来しました．市役所の窓から見える北上川の水が1度引いてから一挙に海水が押し寄せ，川端の船が中瀬の橋脚にぶつかる様子はすさまじいものでした．この津波で被害を受けたのが，1955（昭和30）年に石巻市に合併した沿岸漁業の村，荻浜地区でした．漁船・漁網の損害，家屋の流出等々で，浸水後の救助や防疫作業などの活動がすぐ始められ，被害家族への対応のため，保健婦の訪問を開始しました．

　荻浜地区は市街地から遠隔の僻地で，定期バスが1日2往復しか

なく，片道1時間もかかるため，毎日通勤するのは無理で，この時は短期間の駐在で活動することになりました．浸水家屋の修理や家具の整備で，心身ともに疲れ切った住民の相談や健康観察など，保健婦たちは毎日訪問して歩きました．

隣部落に赤痢らしい患者が出たという知らせを受け，何しろ隣の海岸まで1つの山を越えなければならず，急いでも1時間かかる道程を歩いて，ようやくその家にたどり着きました．ところが，家にはそれらしい人はおらず，不思議に思って「どなたが赤痢だったの」と聞くと，逆にその家の人たちからいろいろ質問され，当惑してしまったことがありました．浸水後の防疫のため注意を促していた人が，「休んでいる人があったら教えてくれるように」と言ったので，この家の主人が「少し疲れたから」と休んでいたところ，それを見た近所の人が防疫班の人に知らせたのが，「赤痢になった」と伝わったようでした．

混乱状態の中で情報が正しく伝わらず，このように何やら気まずい思いをさせてしまったこともありました．私は緊張して山坂を歩いたせいか，誤報だとわかって急に力が抜けどっと疲れてしまいました．

家の中にいる状態で家屋が湾内に流出し，幸い外海に出ないうちに引き止められ，家族が無事であったと，ご主人の話を聞いた時には，「ほんとうによかっ

チリ地震津波で破損した漁船．石巻市中瀬湾付近．1960年（石巻市広報課提供）

たね」と言いつつも，津波の恐ろしさと，家ごともっていかれて，また戻った様子のおかしさもあり，複雑な気持ちを味わいました．

僻地の保健活動は重要だと思いつつも，実際にはなかなか進まないもので，特に当時は交通や環境条件に難しい問題がありました．1955（昭和30）年に国保保健婦中央ブロック研究会があり，私は「僻地保健婦活動の一考察」と題して，沿岸漁業に伴う婦人労働と乳幼児保健の立場から「保育施設があったら」と考え，その必要性を上司にも了解を得て発表したことがあります．社会の移り変わりで今はこの地の交通も便利になり，保育所も設置されましたが，逆に僻地のために人口減少が進み，入所児童が少なくなっています．

（2）二局長四課長通牒で共同保健計画の推進

チリ地震津波被害地活動が終わったころ，厚生省から「二局長四課長通牒」が出されました．そのころ，塩釜市が塩釜保健所との共同保健事業を，浦戸島という離島住民を対象に行っており，その経過が塩釜保健所長から説明がありました．しかし，この共同保健事業には実際には納得できないことがありました．

例えば，保健所のクリニックで発見をされた要指導の人に対する訪問は保健所から市町村に依頼され，国保の保健婦が訪問指導をしました．その上に，市町村ごとの地域特性に応じた保健事業は，国

蛇田のメインストリート．
蛇田支所から東方の風景．
1959年（石巻市広報課提供）

保保健婦が主体的に実施するという内容でした．保健所に高度の設備を整備して，市町村国保保健婦の活動を援助する，という方向づけが示されたことがないので，現実には説明どおりにはできないものと私は感じました．いろいろな話題が広がる時に，「保健所保健婦の市町村への所属替えがあってもいいのでは」という声もあったようです．それは「活動の一体化を図るための保健施設拡充に関する一考察」として，国保の機関紙「宮城の国保」の記事に掲載されていました．

　国民健康保険の皆保険達成を期し，国保中央会，国保連合会および東北地方国保協議会共催による「保健施設拡充強化研究協議会」が岩手県で開催された時，私も参加させてもらい，共同保健計画事業を推進するについての諸々の問題を討議しました．当時は，国保事業を行う市町村の理事者の理解度や，保健婦の設置条件の差異なども大きく，また，保健所との連携上の問題も多様でした．このため，モデルケースを選定して実践研究をすることになり，宮城県も3つの保険者（保険事業を実施している市町村）を選定したのです．

(3) 宮城県国保団体連合会指導保健婦，梅原ひささんの退職

　1960（昭和35）年11月，宮城県の行政機構改革が行われ，国保連合会にも波及して，国保保健婦の指導は民生部国保課に移りました．この結果，指導保健婦であった梅原ひささんは別の部署の業務に移

整理の進んだ蛇田の耕地．1959年（石巻市広報課提供）

り，モデルケースとして選定をされた自治体の保健婦も，梅原さんから指導が受けられなくなりました．国保保健婦とその活動に関することはすべて知りつくし，身の上相談までのってくれた梅原さんの人柄を考えると，ほんとうに2人と得がたい指導者であったと思います．

(4) 保健婦業務測定と効果判定

石巻市は1955（昭和30）年に蛇田村と荻浜村を合併し，その後も渡波町と稲井町を合併しました．いずれの地区も特性があって，渡波町は水産加工を主とし，稲井町は水田と山林業の地域で，交通の不便な山間の集落で成り立っているところでした．両地区には各々に2人の保健婦がいて，住民の信頼に応えて活動していましたが，肝心の石巻市と荻浜村は保健婦は未設置でした．このため，市全体で活動をするには，従来の態勢を変えなければ市民全体への保健サービスは不可能で，一本化した勤務態勢の中で，地域特性や要求への対応可能性を検討する必要がありました．ちょうどこのころ，橋本道夫先生から業務測定と効果判定の話を聞く機会があり，さっそく取り組んでみました．

また同じころ，国保保健婦は医療費の軽減を狙った活動まで求められていて，必要な医療が制限されなければよいがと懸念しました．それでも，業務測定をしたことによって，保健婦が本来の業務に専念できるように，私たちの部署に事務担当職員を配置してもらうことができました．業務要求に対する可能量が低すぎることも理解してもらうことができ，保健婦の増員計画を提出できたのです．

以上のような取り組みの中で，合併した地域を担当していた保健婦や，新しく採用された若い保健婦たちも加わって，石巻市全住民の保健サービスを語り合い，平等の役割を担っての活動がスタートしました．

2）新任保健婦とともに

1959（昭和34）年には，石巻市国民健康保険事業開始に伴い，私たちは4名の保健婦と，地域の特性を考え，人口3,500人に1人の保健婦を確保する増員計画を目標に，石巻保健所とも共同の総合保健計画を立て活動しました．新しい課題を真っ向から次々と受けながら，また，学校を卒業したての若い保健婦の新風にあおられ，私はエンジンをまかれ通しでした．時には自分の足が，後ろへ引きずられるような思いがする時もありましたが，それを振り払いながら，自転車のペダルを踏ませたのは何だったのか．自分も含めて地域に住むすべての人々の，生活と健康が深く関わっているから，私の手も足も常にそれに向かって動いてくれたのだと思います．

石巻市国保保健婦．後列右が筆者．1962年

9. 私の保健婦活動を導いてくれた人々

1）宮城県国民健康保険団体連合会と指導保健婦梅原ひささん

　梅原　みなさんは活動計画を立てる時，予算はどれぐらい必要かとか，どんな活動をするかなど，保健婦の考えをきちんと入れて事務の人と相談するんでしょ．

　保健婦　とんでもないことです．それには予算がないからだめだとか，保健婦も保険料の集金に協力すべきだなどと言われ，事務員も上司も私たちの仕事を理解していないんです……

　市町村国保の保健婦業務への理解がないころ，県の国保団体連合会で指導保健婦をしていた梅原ひささんは，国保中央会や厚生省に行って，助成金や国庫補助金の交付についての働きかけを行う一方で，国保保健婦業務研究会にも必ず出席して，保健婦の悩みを聞きながら市町村の実情を調べ，必要な助言や指導をしてくれる人でした．

　梅原さんは保健婦が初めて町村に勤務する時にも，案内をしながら同行をして，その町村の現状を事務担当者とともに説明し，町村にはその保健婦の人柄や希望などを紹介して，相互に理解し合って働きやすい保健婦の職場づくりにも協力してくれました．

　私が若いお母さんの組織（母性クラブ）があるので，育児や躾な

どの話を，その道にふさわしく教えてくれる人の紹介をお願いをしたら，梅原さんは「鈴木道太先生ならきっと楽しく聞けると思うから，頼んであげましょう」と言ってさっそく連絡をとってくれました．鈴木先生の講演では，たくさんの事例をあげて，子どもの叱り方，褒め方など，私たちが何気なく交わしていた会話で，子どもの出鼻をくじく言葉などを気づかせる話を聞くことができました．

　梅原さんは，私たちの希望に応えた講師を差し向けてくれたり，自分も町村の保健婦といっしょに不便な山村の訪問について行き，衛生教育の活動をしながら，悩み事の相談によくのってくれました．保健婦の現状をとらえている梅原さんは，町村長や担当の上司に対しても側面から援助発言をしてくれ，町村の保健婦にとっては強力な味方だったのです．

京都の日本看護協会総会
県支部長会を終えて．
前列が梅原ひささん．
後列左から2人目が筆者．
1960年

私も交通不便な遠隔地の半島の訪問の衛生教育の時に，梅原さんも同行して泊まりがけで活動をしたことがありました．この時に梅原さんは，「どんな苦労をしているか，町村のトップたちはわからないから……『保健婦は訪問をすると言って出かけお茶飲みしている』などと不信感を抱いている人もいるので，保健婦が活動し易い条件を整えてもらうよう，理解させ働きかけるために，こうしていっしょに歩くようにしているのよ」と言いました．
　県の保健所の保健婦には制服が支給されているのに，国保保健婦に対する町村の処遇が悪かったころ，国保保健婦研究会で制服を支給してもらいたいという希望が出たことがあります．この時も梅原さんは「事務研究会，課長会議などで取り上げておきましょう」と応え，梅原さんの提出がよかったのか好調に受け入れられて，私たち石巻市でも予算化されて制服が支給されるようになりました．
　それから，保健婦学校を卒業して国保保健婦として町村に勤務が決定すると，その保健婦の指導にもたいへん力を入れ，勤務先との連携をとってくれたり，家庭のことまで心を配って相談にのってくれました．その中には家族ぐるみで相談にのってもらった保健婦もいて，国保保健婦には母親のような存在でした．私は梅原さんによって，宮城県国民健康保険の保健婦の身分確保と，保健施設活動の強化を考えることを，学ばせてもらったと思っています．
　梅原さんは1999（平成11）年に95歳で亡くなりました．その6年前に，体調を崩して近くの病院に入院されていた時，仲間とともにお見舞いに訪ねましたが，「老人対策をあのころから考えて，手をつけておかばよかったと後悔しているのよ」と，梅原さんは話されていました．やはり社会が保健婦に求めているさまざまな問題を，梅原さんはよく見つめていたのだと思います．失った指導者は大きな存在でした．私は梅原さんのことを思い出しては惜しんでいます．

2）蛇田村村医鈴木甲司先生（産婦人科医師）

　1947（昭和22）年に「移動健康相談」をしたいから部屋を貸してくれないかと訪ねてきたのが鈴木甲司先生です．（先生は中国からの引揚者でした）当時私の家には国道に面した部屋がありましたので，その部屋を貸すことになりました．

　その後，医師会や保健所の手続きを終え，週に1～2回相談日を設け，先生が相談を行っていました．この相談をどこからともなく聞きつけて，血圧相談や診察を受ける妊婦がぼつぼつ増えてきたころ，先生は村医として迎えられることになりました．先生は，1949（昭和24）年に国民健康保険が組合から公営となった時は，運営委員として医師会を代表し参加しています．

　私の家では，鈴木先生が産婦人科の医師なのでたいへん好都合な相談医でもありましたし，私の保健婦活動でも，鈴木先生から学ぶことがたくさんありました．と言うのは，終戦までは何人の子どもでも健康であれば良く，「産めよ，増やせよ」の風潮でしたが，戦後は産児制限，受胎調節と，母子保健活動の中に大きく新しい活動が加わりました．このため，女性の生理を思春期から更年期までわかり易く話すには，自分の経験だけではどうしても自信がもてないと思っていたのです．

　先生から「婦人の衛生教育をしなさいよ．あんた1人ではたいへんだから，俺が行ってやるからお母さんたちに呼びかけてごらん」と言われ，婦人会や母性クラブに伝えたところ，あるお母さんから「お医者さんではおっかねい（怖い）ようだねや．そんでも話も聞きたいからね」という意見が出て，各部落で集まって鈴木先生の話を聞きました．

　先生は集まった人たちの年齢層を見ながら，話の内容を変え，純

潔教育もあれば女性性器の構造，女性の生理，生殖機能，受胎調節，更年期障害等々，さまざまな話をしてくれたので，集まった人たちは楽しく，飽きることなく聞き，質問もたくさん出ました．先生は衛生教育をいつでも快く引き受けて，自転車で会場に来てくれました．

　青年たちの会合での先生の純潔教育での一言は，「若者は歩きながら話せよ．途中で止まるなよ．誤ちは止まった時起こすから」でした．先生の「閉経後の女性には人生の花園が待っている．女性は生殖機能は減退しても楽しみが広がっているんですよ」と話してくれた言葉を参考にしながら，私の婦人の衛生教育は始まったように思います．私が家族計画の普及教育を勧める基本は，鈴木先生から学ばせてもらいました．

　先生は，1950（昭和25）年に母親学級を開設する際にも，宍戸孔一村長に運営の方法を助言してくれましたし，開講時に石巻保健所の小原所長の出席があったのも，鈴木先生の後援の力が大きかったからだと思います．先生には蛇田村が石巻市に合併するまで，村医として，また国民健康保険の運営委員として，戦後の母性衛生事業を強力に推進指導していただきました．その後開業された鈴木先生が，思いがけない病気で急死されたことを知りましたが，鈴木先生は助産婦への協力だけではなく，保健婦活動にも自ら進んで指導医師として手を貸してくれた恩人です．

3）女子青年団による母性補導員の発足と斉藤せつ子さん

　1942（昭和17）年4月，蛇田村国民健康保険組合が事業を開始した年に，私は村の保健婦となりましたが，斉藤せつ子さんも役場の事務員として就職しました．彼女は18歳にもかかわらず，とてもその年齢には見えないほど大人びていて，昼食後の休憩時にはいろい

ろな問いかけをしてきました．

　私は結婚して数か月しか経っていなかったので，考えたこともないせつ子さんの話に，とまどうことがよくありましたが，ある時，「わが家の父と母はずっと以前から寝室を別にしている．母はまだ若いのに夫婦生活らしいものが見えないけれど，あれでいいのかしら」と言われました．この問いに対して私は，「あなたの家は大きくて，寝室もたくさんあるから，のんびりと1人寝を楽しんでいるのではないの」と，とっさに返事をしました．

　しかし，子どもが多かったり，孫ができるような年代の夫婦は，そういうことでも気遣いが必要なのだろうか．どうして不自然な生活をしているのか，その不自然さが若い人たちに無用の関心を向けさせているのではないかと，考えさせられました．

　彼女は，兄嫁さんから「お父さんたちが寝室を別々にしているので，夜中に子どもに泣かれると，高い声を出さないよう気を配ったり，トイレに出て行くにも遠慮しているんだよ．昼でも夫と話をする時は，よそよそしい態度をつくりながら話している」と言われた，ということも私に話しました．私は，彼女と兄嫁でそのような話ができるのは，きっと兄嫁にとって彼女が良き理解者であったからだと思いました．

　せつ子さんからは，夕食後の茶の間で両親や兄嫁がそろっている時，「姉ちゃん遅いと明日の疲れになるから，早く寝てもいいんでないの．母ちゃんたちに遠慮しないでさ」と言ってやったら，母ちゃんも「そうだよ．先に寝ろ」と言ってくれた話も聞きました．

　多くの場合，小姑になる娘たちは兄嫁をよく言わなかったものですが，せつ子さんはむしろ協力的でした．せつ子さんは，「おらたちも結婚して旦那さんの家族といっしょに暮らす時は，思っていることも言わないで遠慮しながら，黙って嫁がねばならないのかな」と，気になっているようでした．

妊婦や乳児健診の通知も，世帯主が男になっていると，保護者に知らされずに見過ごされて，健診が受けられなかった人があったことも，せつ子さんの話からわかりました．彼女は通知書を配る時は「何日にこういうことがあるので，お忙しいでしょうが◯◯さんを参加させてください」と，一言通知の内容を話して手渡せばよいと助言してくれました．私が「あなたみたいな娘さんたちが，そうしてくれたら大いに助かるのだけれど，あまり強く言うと怒らせてしまうからね」と言うと，「なあに，女子青年団だったらできるよ」と言ってくれました．

若夫婦だけで話を決めて返事をしたりすれば，「勝手なことをするなら出て行け」と舅に怒鳴られたり，幾日もむっつり顔で荒々しい態度をされるので，心を痛めているとよく聞かされていたので，せつ子さんが言うほどに安易なことではないと思いました．

しかし，「とにかく女子青年団の役員会で相談をしてみるから，あなたもこの話を通してみてね」とせつ子さんに頼み，役員会に出席させてもらったところ，難しい話題にならず，「おらたちのできることだったら，何でもするから言い使ってけらい（ください）」とあっさり賛成をしてくれました．

当時，私が母の助産婦の仕事も手伝いながら訪問をしていたのを，みんな知っていてくれた人たちで，妊娠，分娩について知りたがっていた女子青年団の人たちは，たくさんの話題を持ち寄って私に情報を伝えてくれました．

このお陰で，私と女子青年団のメンバーはすっかり心が通じ合う仲になりました．私の保健婦活動計画は，女子青年団の母性補導員によって周知徹底され，健診などの行事には会場の準備，受付，事後整理に至るまで，協力を得ることができました．

母性補導員は，村長から委嘱されたことや，村の行事に参加できるということが，彼女たちの誇りになっていたと思います．従来村

の娘たちは農繁期の農作業の手伝いや炊事の手伝い，花嫁修行としての裁縫習得などが日常でしたから，皆のために役を引き受けてお世話することは，とてもやりがいのあることだったに違いありません．

　母性補導員たちは生理衛生，妊娠・分娩，育児，子どもがかかりやすい病気等々，次々と知りたい内容の要望を出し，毎月の会合はこれ等の話や保健婦事業の連絡で賑やかなものでした．また，彼女たちは家に帰って母親たちにも話したので，母親たちに会うと「娘がいつもお世話さんです．いろいろ教えていただいて有難うござりす」と挨拶をされました．

　終戦後は，母性補導員の人たちに母子活動の他，伝染病の予防接種なども早朝から手伝いをしてもらいました．２０歳を過ぎた彼女たちは，やがて結婚や出稼ぎなどで家を離れて行き，1950（昭和25）年ごろには女子青年団の活動もほとんどなくなりました．

　50年を経た今，当時を振り返ってみますと，複雑な人間関係の中で，訪問指導だけではなく，集団事業でも思ったほどの困難もなく，円滑に推進できたのは，あの母性補導員活動をしてくれた女子青年団の大きな援助があったお陰だと思います．また，女子青年団の協力に気づかせてくれたのは，役場の事務職員の斉藤せつ子さんでした．

4）母性クラブに参加した母親たち

　戦後は，家族制度の廃止などで社会が大きく変わりました．1951（昭和26）年から開始した母親学級と，その修了者を中心とし，部落単位に結成をした母性クラブは，1954（昭和29）年には連合組織になり，母親学級の開設時や母性クラブのリーダーの委嘱時にも，みんなの話し合いによってうまく進めることができました．

乳幼児の家庭訪問をした時の話ですが，あるおばあさんから家族計画について，「私たちは8人も10人も産み放題にしていたのに，今はたくさん産まない時代だから産むなんて言えないものね．あなたに教えてもらえばいいと思うよ」といわれました．この時に私は，若い母親たちに行わなければならない課題を与えられたと思いました．

　さっそく婦人会の役員会を借りて母親学級の開設の説明を行い，理解を得て協力してもらうことができました．また，母親学級で話し合いをしている時，「私たちはここに来て教えられてよかったけれど，家庭の事情で参加できないお母さんたちにも，教えてもらえればいいんだけれどね」という話が出ました．

　そこで，「そんならみんな部落ごとに集まってやってみますか」と提案をしたら，「そうしてもらえるのだったら皆に声をかけて準備しましょう」ということになり，部落単位で12の母性クラブができました．

婦人会と母性クラブ合同の料理講習会．蛇田村裏部落公民館で．
前列中央が筆者．1957年ごろ

この時にもお母さんたちは,「保健婦さん1人で夜遅くまで部落に来てくれてたいへんだと思うから, 何なりとお手伝いがあったらしますよ」と言ってくれました. 私はこのことを見て, 保健婦活動をするには地域の情報が必要なことや, いろいろな保健事業は地域の人たちに周知徹底を図る必要があり, これに協力を仰ぐことができれば, お母さんたちも自分たちのために自主的に活動をしようという気持がわくのではないだろうかと思いました.

　私はこのことから「保健補導員」づくりを考えました. そして, 母性クラブのリーダーに保健補導員になってもらい, 村長から委嘱をしてもらったのです.

　多くの人たちと話し合いをしながら, その時の言葉に込められたその人の思いを噛みしめていると, その思いに私はどのように応えなければならないかが少し見えてきました. そして, 活動の方針が立っていったのではなかったかと思います. 私のほうも, こうしたいと思った時には, それを口に出して人々に話したことで, 相手にその思いが伝わり, いろいろなことが実現したのだと思います. たくさんの人との出合いや話し合いが, 私の活動の動機となっています.

　蛇田村母性クラブ連合会ができた時の会長は鈴木美佐子さん, 2代目は渡辺すげ子さんでしたが, 渡辺さんは今でもたくさんの仲間とともに, 学習の意欲を持ち続けています.

　私が保健補導員という名称で保健婦活動の協力を得ることにしたのも, 実は若い母親たちが婦人の地位の向上や, 育児にあたる母親たちの地域の連帯性が, 失われようとしていることに気づいたからで, この組織を通して, 手を携えて地域の保健向上を進めることが, 新しい社会になるのではないかと気づいたからでした. 私1人では達成が困難なことでも, ふとした動機があって, 思ったより容易に解決する道をつかめたことは, 私にとっては幸いでした.

10. 出合いがすべて私の学びでした

1）定年，そして新しい出合い

(1) 行巻市農業協同組合の嘱託保健婦

　1977（昭和52）年に私は58歳で退職をしました．市役所在職中に行巻市農業協同組合の生活指導員から，「市役所を退職したら農協組合の保健指導を頼むからね」と言われていて，「私のできることならね」と軽く返事をしていましたが，私の退職を聞きつけた生活指導員が，行巻市の農協組合長といっしょに市役所に来て，「退職するということを聞いたが，さっそく俺らのほうさ来てくれんだべな」と言われました．「ほんとに頼むからね．4月からいいんでがすべ」と続いて言われ，「農協の婦人部からも頼まれていたんだからね」と笑い顔ながら語気強く頼まれてしまいました．

　「役に立つかどうかわかんないがやってみます」と，私もほんとうはまんざら悪い気もしなかったので，引き受ける返事をしたところ，組合長は「よし，そう決まったらこのことを国保の課長さ，ひと言挨拶して行くぞ」と言い，とんとん拍子で退職後の行く先が決まり，身分は行巻市農協の嘱託保健婦ということになりました．

　その後，退職まであと幾日もない日に，今度は行巻市医師会長が来て，「行巻市医師会附属准看護学校に助産婦の資格のある教務が欲しいんだ．産婦人科看護学の講師がいないんだよ．俺らのほうさ

来てやってくれや」と言われました．私は「実は石巻市農協を手伝う約束したんですが」と答えると，「毎日でねぐともいいんだ．半分でいいがらや」と言って，国保の課長とも話してきたということでした．

　保健婦業務では医師会の指導を受け，世話になったことを考えると断る訳にもいかず，私はこれも引き受けてしまいました．4月からは石巻市農協保健婦が3日，石巻市医師会准看護婦学校教務の仕事が3日でかけまわることになりました．

　しかし，よく考えると私は40年も前に，わずかな時間を仙台の東北産婆看護婦学校に席を置いただけなので，今は医学も医療器具もすべて進歩し開発されている折，教務は無理でないかととても不安になりました．そこで，最新看護学校教本を見開いて読み，所々に昔に通じているのを見つけながら，「学生といっしょに自分も学び合うつもりなら何とかなる．看護の心を肉づけして伝えてやろう」と思い直しました．

　授業が始まり，学校の教室に入ってみて私はがっかりしました．開始の挨拶が終わるとすぐ，机に額をつけて眠る生徒がいる一方，「先生花見に行きたい」と言い出す生徒もいました．その中で真面目に耳を傾けノートをとる男子生徒が3人いましたが，私は言葉に出ないほど戸惑いました．このような状況は私の授業だけではなかっ

石巻市農業協同組合の嘱託保健婦として、電話での健康相談．1977年

農協組合員宅訪問に自転車で出かける

たのです．
　私の授業を受けた生徒の中には，准看から正看に進み，後輩の教育に携わって活躍している看護婦もいますが，私と時々顔を合わせると思い出話が弾みました．私は今も懐かしく戴帽式の写真を開き，あの子はどこで働いているのだろう，自分はどういう講師だったかと，振り返ってみることがあります．
　石巻市農業協同組合（現JA石巻市）では，組合員が高齢になりながら，機械化の進んだ農作業に従事するため，作業中の外傷や農薬散布時の無防備による中毒の後遺症，ハウス内作業に伴う身体障害での離農等々，農作業の環境に影響されるさまざまな問題が生じていました．このため，私は，農業を守り続けてきた人たちとともに，私の第2次保健婦活動を始めることになりました．
　農協における私の身分は嘱託ではありましたが，農業を守り続けることがたいへんな上に，後継者不足に悩んでいる，組合員や家族の健康を気づかいながら，訪問活動や検診活動を行いました．どんな農機具が使われているのか，だれが主として農機具を操作するのか，ハウス作業はだれがしているのか，中間施設はあるのか，農薬散布はするのか等々，その他に身体症状，農薬散布後の清潔，休養などの実態を訪問によって調べました．また，その結果を基にして，

健康教育や相談活動を続けました.

　私ははじめ嘱託で週3日でした.しかし,10年後は週4日協力することになり,退職した1977(昭和52)年4月から1998(平成10)年3月までの22年間,往年私が蛇田村の保健婦だったように,お嫁さんやお姑さんたちを訪ねながら,人生80年時代の農民の健康と生活を守る活動をさせてもらいました.

(2)新生児訪問指導

　私は,農協の組合員と家族を対象とした活動をしながら,保健所からの依頼を受けて,新生児訪問指導員の仕事も行いました.この訪問を通して,農家の大家族の中で生まれた,昔の赤ちゃんの育つ環境とはぜんぜん違って,1日中母親に手をかけられているのに,なお要求を満たしてもらうまで泣きわめく赤ちゃんと,お母さんの絆はほんとうに深いと思いました.

　私は「赤ちゃんのおむつを広げて便の匂いをかぎ,色を見て混ざり物はないかを調べ,固さや軟らかさはどうかと気遣いながら洗濯をする」「赤ちゃんがお母さんの乳首に頬を寄せていた時の感触の良さ,乳首を舌に乗せて顎で絞り出すように吸われるお母さんの感動」「軟らかいもみじの手がお母さんの乳房に触った感

石巻市の新生児訪問指導員で活躍

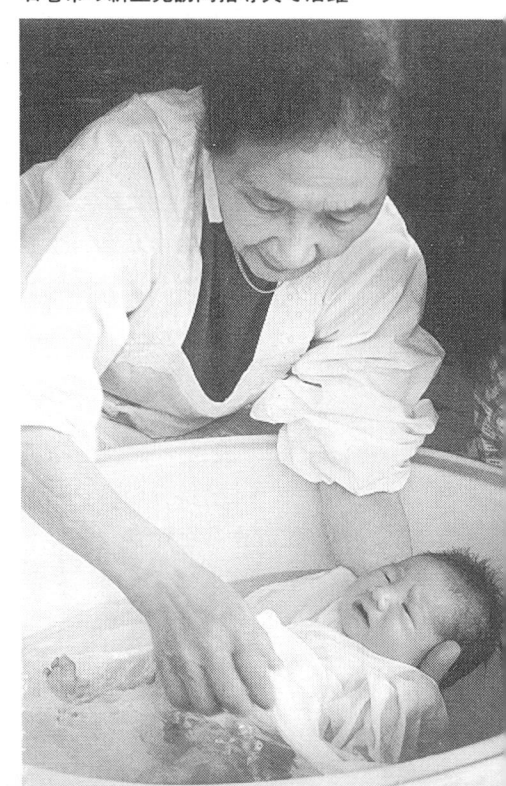

農協嘱託保健婦の時

　触」等々をお母さんたちが心ゆくまで味わいながら、子どもが日に日に体と心の発達をしていく様子を、ぜひわかってもらいたくて、核家族の若い母親たちほど気づかって訪問指導をしました．

　それでも、育児の手抜きとなるような紙オムツや、母乳を吸わせなくてもよい乳製品や調乳器具、離乳食材まで便利なものを必ず購入して、取りそろえなければいけないと母親が思う育児環境に、いつの間にか変わっていくことを、くい止めることはできませんでした．

　ある時、乳児が泣くので母親が泣かせまいとして機嫌伺いに疲れ、ノイローゼぎみになっているところを訪問したことがありました．訪問の後、毎晩のようにお母さんから電話相談があるので、私のほうが不安になって、1日おきに訪問せざるを得なくなりました．この母子は夫が転勤になり転居しましたので、転居先の保健所に訪問指導依頼の連絡をしましたが、あの母と子はその後どうなったのだろうかと、時折私は気になることがあります．

(3) ヘルパーさんと出合う

　自分の老後を考え、私の介護保険がどうなるのかと関心が出始めた1998(平成10)年に、ヘルパー養成の協力依頼がありました．保健婦が担当する部分の講義を頼むということでしたが、現役の保健婦は多忙だからということで、私が引き受けることになりました．私は、高齢化社会で私が果たし得る役割なら、新しい勉強をして取り

組んでみたいと思ったからです.

　私は，介護をする立場，介護を受ける立場にも家族があり，また，地域に住む人々の好意があり，奉仕の精神で社会活動をしている多くの方々との連携で，介護サービス提供者としてのヘルパーさんたちの活動が広まることを願い参加をしました.

　いつか自分もヘルプサービスをしていただく日があるかもしれないが，できることなら，自立生活が長く続く人生を目指したいと思うのは，私だけではないと思います．このころ「人は体で感激を受け止められなくなった時に，涙が出るものなのです」と言った，俳優高倉健の言葉に私は共感を抱いています.

(4) JA石巻市女性部のエルダーミセス（みのり会）

　「みのり会」はJA石巻の女性部の高年齢層の人たちが対象で，ほぼ65歳以上の人たちの会です.（年齢制限はありません）

　「みのり会」の会員の中には，私が半世紀前にお姑さんたちの理解と協力をいただいて，母親学級を開設した時の，学級生だった人たちが多くいます．母性クラブの会員として悩みを語り，泣き，そして笑い合った，あの時の嫁ごさんたちです．あの嫁ごさんたちが，……赤ちゃんを嬰児籠に入れて働きに出かける時，ゆっくり抱いて，

みのり会の健康講座の講師

おっぱいをたらふく飲ませながら，遊んでやりたいと無言で私に訴えているように見えたこと．また，おっぱいが出ないので，夜もすがら乳房から離れず吸い続ける赤ちゃんを見ても，母乳が出ないからミルクを買ってくださいと遠慮してなかなか言えなかったこと．やっと言っても，快く聞き入れてもらえなかったと涙で訴えてくれたことなど，あの表情やあの涙が，私を保健婦として関わらせてくれたのです．

私は嫁ごさんたちがいたから，それに応えたい一心で姑さんたちと近づくためにも，心を込めて訪ね歩きました．それによって，姑さんたちの気持ちが私にも伝わるようになりました．さらに，姑さんと話しているうちに，古くからの言い伝えや習わしを大切にしながら，若い人たちのよき理解者になりたい気持ちで，努力をしていることも学びました．

嫁ごさんとお姑さんの「心のつなぎ」が見つかるまで，何度か挫折もあり心細いこともあったものの，目標に向かってひた走った結果，本音で話し合い，相談相手をさせてもらうことができました．そして，このようなことが積み重なる中で，私は保健婦として育つことになったのです．

ですから，「みのり会」の仲間には，村の母ちゃんたちがたくさんいるのです．私はこの人たちと，みんなが「すこやか」で，「和やか」で，「さわやか」で，そして「しなやか」で，「軽やか」な青春であり続けられるようにと，呼びかけながら手をつないでいます．

あとがき

石巻市の保健婦を退職するころ，後輩の保健婦関谷さんに，「今野さん，退職したら今野さんの保健婦活動の歴史をちゃんと書いてけらいよ」と言われましたが，その時は「そうだね」とあっさり聞

き流していました.

　あれから,かれこれ23年が過ぎ,ずっと現役みたいな気持ちで過ごしてきたのですが,その間に時折思い出させられるように,『私の保健婦活動』などと活字になった私の講演会内容を届けてもらって,冷や汗の出るような思いで,「もう読みたくない」とそのまま戸棚にしまい込んでしまうこともありました.

　それでもまた,次の講演で話してと言う関谷さんのねばりに負けてしまって,引き受けるたびに間口だけが広がり,行ったり来たり堂々巡りのような話になるばかりでした.「もうこれで恥さらしはしたくない」と心に決めていた私でした.

　すっかりもつれていた糸をほどくのに困り果てるほど気がもめて,何度かもう止めようと手を置き,そしてまた解きのくり返しでした.まだ解けない結び目やもつれが残っていますが,これ以上時間をかけてもむだのようなので,ペンを止めることにしました.

　私は「健康とは」というWHOの憲章を何度言い返しても,納得できないことがありました.それは「精神的に良好の状態」ということでした.また,私が問い続けたもう1つは,「保健婦とは何だろう」ということです.もっとも,私は保健婦制度の存在も知らないで,隣保協会の保育園児を見回ったり,東北更新会の保健婦の嘱託にされていました.私は保健婦の講習会に出て,山形県から来られた前川政子（高橋政子）さんの講義を聞くうちに,自分がしてきたことが保健婦というものかと少しわかったような気がしたのです.

　あれから,人も社会も足早に歩んでいます.常に新しい命が生まれ,成長発達しながら,周りの人と関わり,個々も歩むのだと思いますが,私は「精神的に良好な状態」を保つ上で,どれほど役立つ保健指導をしてきたのだろうか.「心の動きがレントゲンを見るようにわかるものなら」と,自問自答しながら過ごしてきました.

　家庭訪問をしたことによって,その家族の暮らしや心の連携が保

たれているのだろうかと案じ，それが健康と関わっているのだろうかを探り，生活全体に自分の目と耳を傾けて，私が保健婦としてどのように対応すると，相手の心に近づけるのだろうかと悩みました．また，望まれることへと接近し，できた時にはやっぱり家庭訪問する保健婦でよかったと思い続けました．

　今も「あの家，あの人，あの子はどうなったかな」と，自転車を飛ばして行きたいと思うことがあります．

年表　私の歩んだ道

年　代	今野勝子の歩み	社会の動向
1918　0歳 （大正7）	牡鹿郡蛇田村の貧農の3人姉妹の末娘として生まれる	スペイン風邪流行し多数の死亡者
1919 （大正8）	北上川の堤防が決壊して村は洪水に見舞われ，また，冷害が続いて，農作物は凶作のため借金がかさむばかりの生活になる．年の瀬の寒い夜，仄暗いランプの下で借金取りの男性を前に，炉端の手前に座った母が，首をうなだれ声も出さずに，「もう少し待ってください」と言うように，膝の上に両手をついて頼み込んでいるような姿は，今もつい昨日のことのように瞼に残っている．私の父は神主と呼ばれる神職で，農作業はほとんど母の手に委ねられていた． 霜が真白く庭に置く寒い朝，提灯のあかりで稲を千把扱きで扱くなど，黙々と働く母のすべては私の自慢であった．	
1923（大正12）		関東大震災
1924　5歳 （大正13）	上の姉が結婚して義兄を迎える． それまでの私の家は，破れた屋根の穴から漏れる雨受けのタライや桶の置場にも困り，また，屋根のないトイレで，傘をさして用をしたりなど，不便この上ない暮らしであった．	
1928　9歳 （昭和3）	小学校3年の時電灯がつく．（それまではランプの生活） 夏休みに小学校校庭で映画というものを初めて見る． 腸チフスなど伝染病予防の知識を得る． 父が脳卒中を発病．	
1930　11歳 （昭和5）	父が死去．	
1933　14歳 （昭和8）	蛇田村尋常小学校を卒業し，6月産婆今野ひでの弟子となる．	三陸沖地震 満州事変
1934　15歳 （昭和9）	9月石巻医師会産婆養成所（夜学）に入学	東北更新会 隣保共済事業

年　代	今野勝子の歩み	社会の動向
1934　16歳 (昭和10)	宮城県産婆検定試験合格（受験手続きは警察で行う） 師匠今野ひでに随行し分娩介助に携わる 蛇田村隣保協会の隣保共済事業の1つだった隣保協会保育園児の健康相談に従事	
1937(昭和12)		日中戦争 国民健康保険法
1938　19歳 (昭和13)	11月師匠今野ひでの夫が戦死	東北更新会宮城県がモデル指定村で事業開始 宮城県古川保健所開設
1939　20歳 (昭和14)	4月師匠今野ひでの長男が病死 東北更新会宮城県支部蛇田村分会の保健婦を委嘱	
1940　21歳 (昭和15)	8月宮城県主催保健婦・保育婦・保育指導員講習会を受講 12月師匠今野ひでの養女となる（小林姓から今野姓に） 東北更新会の事業でトラコーマ検診後の洗眼に従事 栄養改善モデル地区（谷地部落）での栄養改善講習開始 （月1回），山羊の飼育を奨励して乳幼児の栄養補給に資し乳幼児・妊産婦の訪問指導を行うなど，産婆の仕事をしながら保健婦業務（無給）を行う	
1941　22歳 (昭和16)	看護婦試験に合格	太平洋戦争米配給制に
1942　23歳 (昭和17)	1月結婚，10月第1子（長男）出産 蛇田村国民健康保険組合保健婦となる 村の全戸訪問をして家族の生活・健康状況の把	

年　代	今野勝子の歩み	社会の動向
1942　23歳 (昭和17)	握を開始 妊婦に体力手帳（後に母子手帳）を交付し，妊婦健診，乳幼児健診を開始（＊国民体力法施行により体力手帳を交付し，男子は26歳，女子は20歳まで保存が定められた 女子青年を母性補導員に委嘱し，保健婦活動の協力を受ける（嫁・姑・舅の連携を円滑に進める） 石巻地方事務所管内の町村国保保健婦業務研究会を毎月定例的に開催し，県の国保連合会より指導保健婦梅原ひさ，佐藤としす，農業会（産業組合）より戸井つよ氏が業務指導に参加 蛔虫駆除のために海人草，マニクン，大麦藁を煎じたものを希望者に飲ませ駆虫対策を始め，それを機会に富山県の置薬を定期的に服用する家庭が現われ活動を進める 乳児の入った嬰児籠は，保健衛生や発育状況において好ましいものではないと判断し，家族の理解を促しながらその廃止に向かって協力を求め始める	
1943　24歳 (昭和18)	出征軍人の留守家族の健康相談のための訪問が増加 2月夫が応召	衛生部が警察部に移管 石巻簡易保健相談所が石巻保健所に宮城県民修練所が開設 宮城県保健婦協会発足
1945　26歳 (昭和20)	蛇田村にも本土決戦の兆しが見え，B29が鳥の大群のように飛来し，稲の苗を植えた後の水田に機銃掃射を受け，大きな爆撃の跡が田圃にできる 夜の灯火管制下で空襲時の救護態勢に出勤	終戦

年　代	今野勝子の歩み	社会の動向
1946　27歳 (昭和21)	百日咳が流行し，肺炎による乳幼児死亡が多発 南方から帰還した兵士の多くにマラリア患者が発生，患者の家族は初めて見る発熱と悪寒戦慄に驚愕 腸チフス予防接種を全戸に呼びかけて実施，注射後の休養・清潔保持の指導を行ったら守る人は少なかった	花柳病予防法
1947　28歳 (昭和22)	1月第2子（長女）を出産，長男・長女が百日咳に罹患	日本国憲法 開拓保健婦誕生
1948(昭和23)		性病予防法 保健婦助産婦看護婦法
1949　30歳 (昭和24)	国民健康保険組合は蛇田村公営になる 蛇田村は分村して石巻市に合併（北上運河を挟んで以東が石巻市，以西が蛇田村）全戸数約800，人口5,000 優性保護法により受胎調節指導を開始（オギノ式避妊法，スキン使用など） 母性衛生の向上を図るために母親学級開設に向け準備	衛生部課務業務に看護係設置
1950　31歳 (昭和25)	蛇田村で発疹チフスが発生し死亡者が出る DDT散布によるシラミ駆除 4月母親学級を開設　月1回6か月で1コース終了 蛇田村役場に健康相談室開設，住民の各種相談に応じる 妊婦健診にワ氏反応検査を導入し陽性者の指導を実施 蛇田村でワイル氏病が発生，死亡者が出ると，沼地の水田作業を恐れる村人がいるため，日野常夫医師がワクチンを作って希望者へ予防注射を開始 結核の住民健診を実施するにあたって，保健所	日本看護協会宮城県支部発足

年　代	今野勝子の歩み	社会の動向
1950　31歳 (昭和25)	の伊藤規先生の協力で1日3か所ずつ，6日間連続で18部落で教育啓発活動を実施 月1回の乳児健診時に乳児の検便（寄生虫）も実施	
1952　33歳 (昭和27)	母性クラブを組織し育成を図る（＊母親学級を終了した若妻が中心となり，各部落の若妻に呼びかけて毎月夜の集会を開いて学習の場とした．後に全12部落の横の連携を図り，蛇田村母性クラブ連合会とした） 保健補導員を委嘱し保健婦活動に協力を得，12部落の母性クラブの世話役（会長）を保健補導員とする 農繁期の健康を保持するために食事摂取の実態を調査し栄養改善に資す 家族計画実地指導員講習会を受講，認定を受けたことを機会に，家族計画教育の開催や受胎調節実地指導の希望に応じる活動が多くなる 乳児健診でくる病，股関節脱臼のレントゲン撮影を実施 有所見者の事後指導が多くなる 宮城県看護協会主催の再教育講習会が東北大医学部教室で約1か月（夜間のみ）開催され受講する．最終電車にやっと間に合い，家に帰宅するのは夜中の12時 結核患者の家庭訪問指導の対策として，宮城県が市町村国保保健婦を県職員に併任措置をとり，訪問指導報告を指示したが，市町村長の了解は得ていなかったなどの理由から，当時の県看護係に改善の申し入れを行い，併任措置は解消した	
1955　36歳 (昭和30)	赤ちゃんコンクールが始まると，乳業会社の宣伝に母親たちは母乳分泌が良好にもかかわらず，混合栄養や人工栄養を望むようになり母乳育児の良さを見直させる指導が必要となる	母子愛育会・河北新報社共催ベビーコンクール

年　　代	今野勝子の歩み	社会の動向
1955　36歳 (昭和30)	母性クラブの活動が活発となり，育児講演会や栄養改善講習会，他町村の婦人組織との交流会，社会施設の見学など連合会としての行事や，各単位クラブ活動の発表会など母性クラブ活動への保健婦の指導も活発となる 蛇田村（運河以西）は石巻市に合併し，保健婦は石巻市保健婦蛇田支所勤務となる．（活動対象は蛇田地区住民であり，国保事業は蛇田地区だけになる）	
1958　39歳 (昭和33)	乳児の保健指導に必要な問題を把握するため，3歳・4歳・5歳児の保育状況の調査と，身体発育検査と医師による健康状況の診察を行い，調査結果に基づく問題に対応した指導を行う	幼児健診実施
1959　40歳 (昭和34)	石巻市が国民健康保険事業を実施し，保健施設活動を行うため保健婦は石巻市役所勤務となる．これにより蛇田村の健康相談が随時できなくなり定時相談となる．市役所では新卒者2名を含む4名の保健婦で活動を開始	
1960　41歳 (昭和35)	養母今野ひで死去．助産婦を後継し開業をするか，保健婦の業務に徹するか二者択一を迫られ，4月に後者を選択 チリ地震による津波で牡鹿半島や荻浜集落が被害を受け，被害家族の健康相談や伝染病発生予防のために，5月に短期駐在をし家庭訪問を開始する 橋本道夫氏の講演から保健婦活動に関する業務測定と効果判定を学ぶ	共同保健計画の2局長4課長通牒の説明あり
1976(昭和37)		国民皆保険
1977　58歳 (昭和52)	保健婦の地区担当は「住民3,500人に対し1人の保健婦」が望ましいという厚生省の考えに従って保健婦の増員計画を上司に申し入れ国保連合会の協力を得た．しかし学校の養護教諭への転職希望者が出るため，計画どおりの増員が困難になる	

年　代	今野勝子の歩み	社会の動向
	石巻市の保健婦を退職．同時に石巻市農業協同組合の委嘱保健婦として，組合員とその家族の保健指導に従事し併せて，石巻市医師会付属准看護学校で産婦人科看護学講師として教務につく 保健所の依頼で新生児訪問指導を開始． 2級ホームヘルパー養成事業所の講習に協力 JA石巻市女性部員として，みのり会（エルダーミセス）活動に参加	
1998　79歳 （平成10）	3月JA石巻市退職	
2001　82歳 （平成13）		

II. 母の歩んだ道

今野　久子
（宮城県石巻市在住）

長野の保健婦資料館完成式の時に．左から今野久子，右勝子．2001年

1. 祖母ひでと母

　今日も母は自転車の荷台に新聞紙で包んだたくさんの花を載せ，前の荷籠には大きなペットボトルが2，3本．ハンドルの両側には，バッグやらビニール袋に入った荷物やらをぶら下げて，自転車を踏んで出かけました．目的地はお墓，母は週1回ぐらい必ずお墓に行って花を供えています．今は亡き義母今野ひで，夫の五郎，そして先祖と何かを語り合うためでしょう．降っても照っても，母はそうせずにはいられないのです．

　私にとって祖母にあたるひでが健在だったころ，自転車ではなかったけれど，やはり同じようにしていました．祖母の姿を想い浮かべ，母のこうした自転車姿を見ていると，2人がぴったりとつながって，1本の線に見えてきます．何の無理もなく祖母の娘として，その後継者として，ごく自然な姿を母に感じます．

　母勝子は，祖母ひでの養女でしたが，私はかなり大きくなるまで知りませんでした．もっとも，母の実母も祖母として認識してはいたのですから，理解していたのかもしれません．とにかく，祖母ひ

叙勲の時，厚生省控室での今野夫妻　1978年

でのことを「おばあさん」として慕っていたことにまちがいはありません．その気持ちは今でも変わっていません．

　母が役所からの帰りが遅い時など，夕食の用意をしている祖母は，「まったく，いつまで何をしているのだか」とぶつぶつ言ったものでした．私は「お母さんは一所懸命働いているのだからそんなこと言わないでもいいのに」と思いました．つらく，悲しくて涙が出てくると，2階の部屋（父母兄妹の寝室）に上がって，しばし泣き寝入りをしました．そうすると祖母は「そろそろご飯にするか」と，階下から顔を出して声をかけてくれました．

　当時はつらいことでしたが，今思うと，母に対する憎しみやののしりの意味は祖母の言葉にはなくて，「まあしょうがないね，早く帰ってくればいいのにね」というくらいのことでした．私に対する不憫の気持ちが言わせたのだろうと思います．祖母が母に対して，また母が祖母に向ってつらいことを言った記憶はなく，祖母も母も，私たち幼い兄妹にお互いの愚痴を言うのを聴いた覚えもありませんでした．

　ところが，祖母は，助産婦であった祖母のところに弟子入りを望んでくる人たちが，「3日で逃げ出す」と言われるほどの人だったようです．弟子になった母も，朝早くから起きてはたきをかけ，掃除をすませ，祖母が起きてくるころにもう1度掃除をし直すという生活だったようです．でも，母の中にそのような祖母の厳しさが「つらいしこり」となって残っているという様子はありませんでした．祖母も腹立ちまぎれに母をなじるとか，他所に行って悪口を言って回るようなことはしませんでした．

　母は祖母に対しては，姑というより先生としての感情が強かったのではないかと思います．祖母がお風呂に入っていると，必ず母が背中を流しに行きます．母が不在の時は私が代わるのですが，力がないので，大工さんのカンナかけのようにして母の真似をしたもの

でした.

　母は祖母と仕事をいっしょにしていたわけですが，先生と弟子，主人と従者という意味合いもあって，厳しいこともあったと思います．しかし，いわゆる嫁と姑という感情的なものではなく，そういう意味では，保健婦として昼は村役場や市役所に勤め，夜は地域の活動に動き回っていた母にとっては，仕事がし易かったと言えると思いますし，恵まれていたのではないかと思います．

　母の中には，養女となって祖母から受け継いだもの（助産婦と今野の家）を，とにかく守り抜く，守り切る，という使命感もあったのではないかと思いますが，母は努力してそうあろうと力んでいたのでもなく，ただ水が流れるように自然に，その任に当たっていったようです．

　私の記憶に残る祖母は60歳前後の姿が中心でしたが，50歳を前に半年ほどのうちに夫と息子を失っていました．そういう女性が，毎日寝起きをともにする母や周りの人々に，心をぶつけることもなく，よく感情を抑えていられたものだと，感心せずにはいられません．

　私は，金木犀のような香りをさせた，楚々とした小柄な祖母が大好きで，正月など着物を着せられ，髪を結ってもらってぼんぼりをつけ，畳の赤いぽっくりを履いて，ご挨拶回りに連れて行かれることがうれしくて，今はとても楽しい思い出になっています．

2．父と母のこと

　幼いころの私の記憶に残る朝の情景に父の姿があります．父は早朝玄関や塀の拭き掃除をし，家の前の道路を掃いて，きれいに箒の目をつけます．次に，私と兄を自転車の前と後に乗せて，保育園と小学校に送ってくれました．学校に入ってからも，小刀で鉛筆をきれいに削り揃えてくれたり，家族4人で月に1回ほど，東映などの

映画を見に行ったことも，父との楽しい思い出です．
　父はお酒が好きで，酔いが回ると帰宅してから鬱積した感情が出ることがありました．しかし，普段は母に協力的で，昼は役場，夜はお産のお迎えや母親学級の幻燈会で出かけたり，出張で何日か留守が重なる日常でしたが，それが争いの種となったり，出かける先にぐずぐずと言うことはありませんでした．
　母が電車で遠くに出張の時には，よく自転車で駅まで送っていました．道すがら「だから早くしろといったのに，いつもぎりぎりなんだから」と，眉の濃い鬼がわらみたいな顔をして言うのです．そして母はいつも電車にすべりこみセーフで乗り込んだのでした．何しろ母は忙しかったのです．
　定年を迎えた父は，東京にいた私の所によく遊びに来てくれ，その間に好きな野球の試合を見に行っていました．この数年後のある年の暮れに，突然転びやすくなり，そのことがきっかけで診察を受けたところ，肺がんがすでに脳幹部を侵し始めていて，あと1月足らずの命と言われてしまいました．
　何の手を下すこともできず，ただ死を待つということは，科学の力，医療の力の偉大さを知り，また，人々にその力に頼ることの必要を説く母には，とうてい納得できないことでした．母は手を尽くしてある先生にたどり着き，もちろん危険は伴うが，手術の可能性はあること，多少の不自由は残るけれど，数か月，またはそれ以上生命を延長させる可能性があると言われた時，母は躊躇せずに手術の道を選びました．
　この病院は東京でしたからたいへんな決心でした．故郷を遠く離れ，親戚の人たちが寄せてくれる心配も大きなもので，東京まで10人近い人々が付き添ったほどでした．仕事で目いっぱい活動をしている65歳の母にとっては，東京と石巻の往復，そして，その上に病状の心配と不安が加わって，たいへんな負担になったと思います．

母はそれを平常のことのように推し進めていきました．

　父の手術は大成功でしたが，リハビリを開始して何日か過ぎた時，肺炎を起こして高熱を出し，その後は立ち上がることができなくなり，言動も不自由になりました．病院に母が来られない時は，私と私の2人の友人の奥様が交代で昼の付き添いをしました．父はいつも機嫌よくにこにこしてお世話を受けていたものの，母の姿を見ると，格別に何んともいえない嬉しそうな顔をしました．

　少し暖かくなるのを待って，父は4月に退院し故郷に帰ることができました．7月に亡くなるまでの家での3か月間は，父も母を自分の傍に取りもどし，母にとっては短い時間ではありましたが，しんとした心で父と相対し，世話ができたひとときではなかったかと思います．私はこの時，母が，人々にお話しをしてきたことをごく自然に自分で実行している姿を見ることができました．そして，「実行する」ことの尊さに心を打たれました．

3．厳しく，たくましく，明るい子育て

　さて，話はまた半世紀ほど昔にもどります．あまり強いとは言えない状態で生まれた私は，生後間もなく百日咳にかかったそうです．その時母はやっとの思いでビタミン剤を入手し，左腕外側に打ち続けたそうです．暗闇で手探りで打ったというその痕は今でも残っています．

　母が仕事の道すがら実家に立ち寄った際，実母に私の容態を問われて，「今ごろはもうだめになっているかもしれない」と応えたところ，「何という奴だ．今をも知れないわが子を放っておいて，仕事に走り回っているとは」と呆れられ，叱られたそうです．このエピソードは，母の冷たさを象徴するものではなく，むしろ当時の母の，仕事に対する姿勢を物語るものではなかったかと思います．

ようやく戦後の混乱から立ち直り始める中で，母が訪問をする同じ世代の母親たちは，産前も産後も特別なケアも顧みず，子供を嬰児籠(えじこ)に入れたままおむつを換えることもできず，農作業に出ていたわけです．母は「自分だけが後ろ髪を引かれる思いで，幼い児を家に残して来ているのではない」と思ったのではないでしょうか．

　母の心の内を簡単に推し量(はか)ることはできませんが，自制心というか，粛然(しゅくぜん)とした気持ちがあったと思います．また，仮にそれで乳児の私を失うことになっても，それもまた自分に課せられた道であり，科学の限界と思い極めようとしていたのかもしれません．

　数年前にこの話を聞いた時，私は身が引き締まるように感じました．そこには何か強い説得力があったのです．

　もう少し大きくなった私は，食事がすむと決まって母の膝に乗り，胸に吸いついていました．母が傍にいてくれる時の最大の楽しみで，小学校に行くころまでこうしていたように思います．これをだれからも咎(とが)められたことがなかったので，真に至上の喜びでした．

　母はクリスマスになると，七輪と万能なべと炭でスポンジケーキを焼いて作ってくれました．卵白をよく泡立てなければと説明をしながら，バタークリームを作って，仁丹のような銀の小粒やさまざまな彩りの細かいフレーク，蕗(ふき)の砂糖漬，赤いチェリーなど，今ではデパートでもスーパーでもありますが，当時としては珍しくて手に入りにくいものを，どこからか調達してきて，作ってくれるデコレーションケーキは，当時の大きな楽しみであり自慢の1つでした．

　祖母は念仏講のリーダー格でしたが，その集まりに，この直径30cmほどものケーキを作ってもらって，喜んで持って行きました．ケーキづくりや料理などの多くは，栄養指導会などのために学んだもののようでした．また，ポテトサラダや玄米パン，かぼちゃパンなどが，折に触れてわが家の食卓にのぼり，家族の皆の眼や舌を楽しませてくれました．

とにかく目に入った興味のあるものは，何んでもまずやってみようとする母は，実に積極的な精神の持ち主で，当時は地域の新しい文化の発信塔のような役割も果たしていたように思います．母は，洒落た，ふくらはぎまでの丈のフレアースカートや，ヒールの高い靴を履き，当時としてはファッショナブルな格好をしていました．

私もずいぶん母のおしゃれ精神と，いたずら精神との恩恵に浴しました．紅色の帽子やベレー帽，足踏みミシンで縫ったワンピースやツーピースなど，いろいろ着せてもらいましたが，今でもそれらの形や柄や色合いが目に浮かびます．髪には時折焼き鏝でカールをかけてくれたり，明日は遠足という日や，学芸会となると，直前に何かを縫い始めていました．

私が英語のモデルスピーチをする時などは，朝起きると制服の丸襟のブラウスが出来上がっているということもありました．少々不格好で「新しいのを買ってくれたほうがいいのに」と思いながら，一夜漬けの迫力に押されて，それでも嬉しくて着て行ったものでした．真にお洒落精神と，チャレンジ精神に満ちた，突貫工事の名手の成せる技でした．

4．母がひたすら創り続けた保健婦の道

母はどちらかと言うと，「鳴かぬなら，鳴かしてみしょう……」という精神の持ち主と言えると思います．また，善し悪しはしばらくおくとして，深情けといってよいほど情が濃い人でした．あの忙しさと寝不足の中で，自分で手をかけた物を娘に着せたかったのですから……．私が仙台の中学に通っていたころは，朝4時半に起きると，すでに温かいご飯と熱い味噌汁ができていました．そして，私が食べている間に母は髪を編んでくれました．有難いことでした．

大学生になってからのことですが，東京へ帰る私を駅まで見送り

に来た母は，泣き出しそうな顔で発車する電車といっしょに走り出しました．また父の入院中のことです．夜10時過ぎに病院から私の部屋にもどって来たばかりの母でしたが，今からどうしてもまた父の所に行くというのです．どうやって病院に行くの，どうやって入るのと言っても泣くばかりでした．

　ひたすらこうしたいと思うと，矢も楯もたまらずともかく手をかけ始める．このような母を，私は「鳴かぬなら，鳴かして見せよう，だね」とよく言いました．とても「鳴くまで待っ」てはいられないのです．

　母は今の直接の目的を適えるために，ともかく手がかりとなるところから始める．その進む先にある何か望ましい地位とか，安寧というようなものには関係なく，別の要素は顧慮せずに，直接の報酬すら願わずに動く人だと思います．

　母がたどってきた道は，自ら振り返っているように，保健婦という分野があることを知っていて，その中で「このような目標に向かって自分の特性を具現したい」というような道ではなく，セオリーや展望ではないのです．

　「ひたすら周りが要望するところを，自分の目と耳で感じとり，確かめながら，自分のできることは何かと探り，手のつけられるところから進んで行く」，そうしてできたのが母の通ってきた道だったのです．

　今母は，行く手に老人問題という大きな山を見ています．その険しさ，その困難さはよくわかるのですが，何か手をつける糸口を見つけようとしているようです．その解決に向かう難しさ，遠さが彼女を奮い立たせているように思われます．後から来る人たちの力を信じて，何か行動を起こしたいのです．これが母の生きるエネルギーなのだと思います．荷台に大きな荷物を積み，荷籠にも，ハンドルの両側にも袋をぶら下げて，まっすぐ前を見てペダルを踏んでい

く母に，「どごさ行ぐのー」とよく声がかかります．そうすると自転車から降りてしばらく話をしています．その話も終わり，母がペダルに足をかけると，またどれかの声がかかります．
　この会話の中に，母は保健婦としての真のあるべき姿を見ているようです．「手をつないで，実行しよう，それも足元から始めて……」という，強い決意に裏打ちされているようです．
　「かあちゃんたちとの会話が」1人の保健婦を作り上げたのだと思います．

Ⅲ. 座談会

今野勝子姉を先頭に，ともに築いた石巻市の保健婦活動

出席者　今野　勝子　　関谷　敏子
　　　　（元・石巻市保健婦）　（元・石巻市保健婦）

　　　　蒄島　洋子　　長沼　真弓
　　　　（元・石巻市保健婦）　（石巻市保健婦）

司会　　菊地　頌子
　　　　（自治体に働く保健婦のつどい事務局）

司会 この座談会は1960〜70年代（昭和30年代後半〜40年代）の石巻市における保健婦活動と，その中での今野勝子さんの活躍を，後輩の保健婦の方々とともにお話しいただきたい，という主旨で企画しました．よろしくお願い致します．

出席者の自己紹介

関谷敏子 私は宮城県公衆衛生看護学校の8回生で，1962（昭和37）年4月に石巻市の国民健康保険課に就職，2000年（平成12）3月に退職しました．定年退職後は仙台市にある高齢者福祉施設「宮城野の里」で，在宅介護支援センターの仕事とデイサービスのお手伝いを週3回しています．年齢は61歳です．

菰島洋子 山形県出身で，保健婦学校は宮城県で関谷敏子さんと同級生です．最初は養護教諭になろうと思いましたが，保健婦のほうに魅力を感じ，関谷さんとともに石巻市に就職しました．私の場合は更年期障害がひどく，ケガをしたりで，1991（平成3）年51歳で退職をしました．その後は精神障害者の作業所「コスモス」で2年間支援活動をしたり，隣町の河南町にある赤坂病院で，精神科や老健施設の看護婦をしました．今も病院の訪問看護や介護保険のケアマネージャーとして，パートで働いています．

長沼真弓 3歳から石巻市で育ち，1969（昭和44）年宮城県公衆衛生看護学校を卒業して石巻市に就職しました．私も保健婦になるつもりはなかったのですが，1年間の教育と，「孤島の太陽」（高知県の離島の保健婦の活動を映画化したもの）などの映画を見せられているうち，自然に保健婦になってしまったという感じです．

父が石巻市役所に勤務していて，日ごろ女性の職業としてはあれほどいい仕事はないと話していました．このためか，学校に来て市役所の国保課長から，「親の了解を得たから就職してくれ」と言わ

れ，石巻市の就職が決まってしまったのです．私は3年勤めれば奨学金を返さなくてすむと思い就職しましたが，31年も勤め，54歳になりました．現在は健康管理課の課長をしています．

石巻市の保健活動を行う保健婦の数は，関谷さんたちが就職した1962（昭和37）年当時は6人，私が就職した1969（昭和44）年度は9人，その後は計画的に増員し，最高時は1997（平成9）年度に20人になりました．介護保険制度の開始により2000（平成12）年度には17人になりましたが，2002（平成14）年度に20人にもどっています．

今野勝子　当時の保健婦の上司は事務職の係長でした．1962（昭和37）年7月に私が「係長待遇」になり，1972（昭和47）年8月にやっと保健婦係長になりました．1973（昭和48）年8月には課長補佐，技術主幹になっています．

苦労の多かった地域活動，体力が勝負の時代

関谷　私が就職した当時の保健婦の仕事を思い返してみますと，例えば，乳児健診は暖をとるための炭起こしから始まりますが，私は炭起こしが苦手で苦労しました．それから，保健婦の部屋は3階なので，階段を何回も上り降りして荷物を運び，準備しなければならず，これもたいへんでした．当時は「ベビーコンクール」がまだ

関谷　敏子さん　　　　　　　　　　　萢島　洋子さん

あった時代で，毎月ではなかったのですが，1回に120人から150人くらいの赤ちゃんが健診に来ました．今野さんはこの仕事のローテーションを平気でこなしていましたが，新人の私たちは今野さんについていくのが精一杯でした．

蓜島 車の時代ではなかったので，地域に健康相談などで出かける時は，体重計など荷物一式を自転車の荷台に乗せて走りましたが，今野さんの自転車は，追いかけられないくらい速かったんです．石巻の管内はとても広くて，8km，10kmも山を越えて行った時もありましたし，雨の日は傘を片手に，曲芸師のように自転車で走りました．体力のない保健婦はほんとうに続かなかったと思いますね．

それから，衛生教育はほとんど夜の要請ですから，「夜の衛生教育」と言って出かけていましたね．婦人たちを集めての家族計画の話は，私たちが受胎調節実地指導員の資格をまだとっていなかったので，助産婦の資格がある今野さんの出番ばかりで，たいへんだったと思います．

今野 泊り込みでやったこともありましたね．

関谷 浜の人たちは夫が船員で長期不在の人が多く，「たまに帰ってきた時に，スキンを使ってください」と夫に言えないと話すので，ペッサリーの指導もよくやっていましたね．

後に「夜の衛生教育」には時間外手当がつくようになりましたが，初めのころは時間外手当も代休もなく，犬に吠えられたり，両端が

長沼　真弓さん　　　　　　　　　　　今野　勝子さん

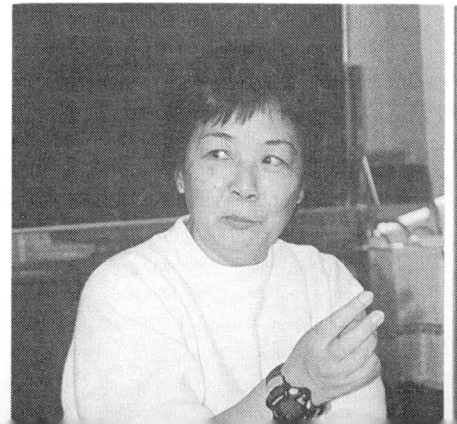

竹やぶになっている道を，今野さんのスピード自転車に追いつくために，夢中でペダルをこいだものです．

今野 道路が車の轍（わだち）でデコボコになっているから，土の盛り上がった所に乗り上げないように，轍でへこんだ所を走るんですが，慣れないと自転車では走れませんよね．私は1964（昭和39）年に車の免許をとりましたが，道が悪くてほんとうに苦労しました．

脳卒中による死亡が多いからと，地区別に健康相談を計画した時は，事務職の人が会場などを全部手配してくれたので，そういう時は助かりましたね．

関谷 石巻市の場合は，保健婦の係に専属の事務職員が配置され，受付や旅費の請求など細かな事務をしてくれましたが，他の町村では事務職がいなかった所もあったようですね

今野 半島や離島に出かける場合は，昼は家庭訪問を行い，夜は公民館で衛生教育をしました．だから，訪問カバンと自分の荷物とスライド一式を持っていかなきゃならないわけで，荷物はたくさんになるし，隣の集落に行くには山越えをしなければならない，それでなければ市の船です．しかし，小さい船なので風が強い時は海がしけて苦労しましたね．

関谷 半島には水先案内の小さい船「きたかみ号」（市の船）で家庭訪問をしましたが，よく船酔いをして，訪問カバンを枕に寝ていましたよね．

それから，冬の訪問の時でしたね．天候が急変して，船よりも高い波に煽（あお）られ，遭難しそうになった時があって，今野さんが「沈没するかもしれない」ってオーバーや長ぐつを脱ぐんですよ．「船がひっくりかえったら泳げないから，関谷さんも早く脱がいん！」と今野さんが言うんだけれど，私は船酔いで頭がぐるぐる回って顔もあげられない……．風で船のマストも折れてしまって，「どうなるんだろう」と思っていたら，大波の間から白い船が見えたんです．

この距離なら海に投げ出されても，あの船に助けてもらえると思ってほっとしたんですが，ほんとうに生命が助かったとあの時ばかりは思いましたね．でも，この時も今野さんは強かったです．

　葭島　離島の田代島からもどる時，船の上まで波がきて田代島に引き返した時があったけど，「子どもが小さいから，ここで死ぬわけにはいかない」と，船の人に戻ってくれと言った保健婦もいました．特に離島の訪問は厳しかったですね．

　関谷　当時は，体力が勝負で，「今野さんみたいな人だったらあの年齢でもできるけど，私にはできない」と言って保健婦を辞め，養護教諭になった人がいましたね．結婚をして家庭を持つと夜の仕事がないほうがいいし，体力的に50歳まで勤められるだろうかと不安に思っていた人もいました．

　今野　県の国保連合会にいた梅原さん（指導保健婦）が，現場の人たちの仕事を見ないと，事務の人たちを説得できないと言って，半島の東浜に私といっしょに行った時があったけど，あの時も船がひっくり返りそうになって，梅原さんは覚悟していたようです．国保の保健婦活動に国の助成をとるため，現場の活動を体験すると言って，山の中の川崎町などにも梅原さんはよく行っていましたが，交

離島の田代島の公民館での衛生教育．1959年

通手段だけでも困難な時代だったと思います。

　関谷　石巻管内は僻地が多かったから，保健所にも船があって「移動保健所」などの事業を行ってしていましたね。半島はリアス式の地形だから，バスや船を降りても歩かなきゃならない。訪問カバンの他に，自分の荷物と幻燈機を持って，それに蝮が多いから，蝮がきらうたばこをくわえて歩いたほうがよいと言われ，吸えないたばこをくわえて歩いたのも思い出します。

　菰島　山の中を通るので「蝮がおっかねえ」と言っていたから，たばこの臭いで蝮が来ないと言われ，吸えもしないのにタバコを加えて歩いたんですよね。

　今野　「蛇田」と地名がつくくらいだから，私の家の田んぼにも蛇がいっぱい泳いでいたけど，蝮だけは怖かったね。

　長沼　就職したてのころ，お昼時に訪問に行くのは失礼だと思って，途中の山でお弁当食べたんですね。そうしたら眠くなって，訪問カバンを枕に昼寝しちゃったんです。スカートをはいていたので足の色が変わるくらい日焼けしちゃって……。でも訪問先に行って，「あそこは蝮が出る所だ」と言われびっくりしましたね。（笑）

　今野　長沼さんは寝る子だったからね。

　菰島　「腰が悪いから16ミリの映写機が持てない」と言っていた保健婦もいたけど，初めのころは16ミリ映写機ではなく「幻燈機」だったから，ものすごく重くて，大風呂敷に包んで背負って歩きま

自動車の免許を取り，乳児健診会場へ．車の外の左が今野勝子．
1962年

したよね.

関谷 私たちが唐草模様の大風呂敷を持って歩いていたから,「若い保健婦にこういうことはさせられない」と言って,課長が大きなビニール製のカバンを買ってくれたけど,当時は毛布でも,検診道具でも全部風呂敷に包んで持って歩いていたね.とにかく全部包めるから風呂敷は便利だったよね.

今野 唐草の風呂敷を買うのも予算が必要だったんですよ.1,2月ごろは翌年度の活動に必要な予算を確保するのに,上司や関係課の意向をあらかじめ打診しながら,計上するのに気配りをしました.

全戸訪問を活動の基本に据えて
肝ジストマや牡蠣(カキ)・ホヤ喘息に取り組む

関谷 僻地のような地域には,月1回定期的に全戸訪問をしていましたね.問題のある人がいる,いないに関わらず,御用聞きみたいな訪問をしていました.「保健婦は生活を見る」という視点を,私はこれから学んだような気がします.石巻市周辺地区は農業,水産業(養殖加工)に従事している人が多く,訪問に行けば健康の問題,経済の問題,医療の問題が,生活を通してそのまま見えてきましたね.

薗島 半島などでは1年に1回はとにかくどの家にも顔を出そうという考えでしたね.だから,今でも他の家に行くと,お菓子は手をつけなくても漬物は必ず食べて,「これくらいなら塩分はいいかな」とか,「ちっと濃いんじゃない」とみる癖が治らないんです.

半島の訪問の日,道路でおばあさんに「おら家さも寄ってお茶っこ飲んでけらい」と声をかけられたんです.若い時だったから,「保健婦はお茶っこ飲みして歩いてるんだろう」と,思われはしな

いかと迷いました．

　でもそのおばあさんには，結核検診の結果のことで相談したいことがあったんです．「相談ごとがあるからよってください」とは，直接言わないから，何かあるのか判断が必要なことがありましたね．

関谷　蒄島さんと2人で半島の訪問をしていたら，牡蠣を剥き始めると喘息のような症状が出て，国立病院などに通院するという話を聞いたんで，牡蠣剥きと喘息の関係は何かあるのかと国立病院の工藤先生に聞きに行ったことがありました．そうしたら，広島でも牡蠣剥きに従事している人が喘息になっていると教えられ，文献を借りてきて勉強し，何か予防はないのか，まず実態調査をしてみようと，今野さんに話しました．今野さんも「年度計画にはないのに」と言いながらも，上司に根回しをしてくれました．

上－田代島の集落．
下－田代島仁斗田港と巡行船．この巡行船に1時間20分乗り，田代島に渡った．1967年ごろ

莇島　保健婦みんなの力を借りないと調査はできないし，私たちの突拍子もない提案を，大事だと思う仕事だからと言って，今野さんがフォローしてくれましたね．

　今野　やっぱり，そういう問題の出た地域の患者さんというのは，忘れられないですね．あそこの集落に行ったら，あの人がこういう病気だったと思い出しますね．

　莇島　この牡蠣喘息については，重点地区の住民にパッチテストやったりして，次の年には事業化し予算がつきましたが，結局この原因は，牡蠣の殻に水海鞘がついたまま剝いでいたので，この水海鞘が吹き出すもので，喘息が起きていたことが判ったんですね．牡蠣を剝く時に水海鞘に水圧をかけて，洗い流すようにしたら喘息も少なくなってよかったと思いました．

　関谷　この時は牡蠣剝き場の換気や，洗い方について，漁協の人や住民の人と話し合いをしましたよね．

　長沼　何で起こるのか喘息の原因がわかったわけだから，病気が始まる前の時期に，病院で薬をもらうようになったんです．牡蠣剝きは10月から3月ぐらいの約6か月だけど，喘息は剝き始めの時期がひどくて，1，2月になると楽になる．剝かない時は症状が出ないから対応ができたわけですね．

　関谷　みんな牡蠣剝きをする時は眼鏡をかけたり，マスクをしたり，自己防衛もしていましたね．

　今野　やっぱり保健婦活動は，全戸訪問をする中で「地域性」とか「特殊性」を捉えることができるのだと思いますね．ただ問題がある届出のあったケースだけを訪問をしているのでは，それしか見えませんから，問題の背景になるものがいろいろあるのに，それを捉えることができないんですね．その家に患者さんがいなくても，訪問をすると健康を害するような，仕事や生活の実態が見えてくるんです．

長沼 昔は自分の担当地区で気になることがあったら、保健推進員さんに聞いたりしてすぐ訪問に行きましたよね。今は電話をまずかけて「来ていいよ」と言われて行くから、「都合が悪いです」と言われると、そのままになってしまうんです。「都合が悪いです」と言う家は何かあることが多いのに、断わられたからと、ずっと後回しにしているんですが、問題だと思いますね。

蒲島 そうですね。よく私たちは国保のレセプトの疾病統計の作業をしていて、地区の問題を見つけたことがありましたね。

関谷 毎月3、4日は、夜の9時、10時近くまで国保レセプトの疾病分類を行い、どの病気がいちばん多いか、手作業で統計をとっていましたから、それでF地区の「肝臓ジストマ」も見つけられたんですよね。

レセプトには「肝機能障害」という病名でしか上がってこないけど、この地区だけひじょうに多いので、調査をしてみようということになって、100軒近い家に全戸訪問をしたことがありましたね。訪問してみてこの地区の人たちが川魚をたくさん食べていて、それも生食していることがわかったんですよ。川の水で米をといだりもしていたしね。

それで、公民館で説明会を開き検便を実施したら、肝臓ジストマが出てきて、今野さんが東北大学と話し合って、集団駆虫に取り組んだけど、薬が特殊で東北大学からも先生に来てもらいましたね。

今野 この予算を獲得するのに、市長と直接交渉をして予算化してもらったんですが、問題の北上川は、川上にある川北町の検便では保有者が8％くらいだったのに、石巻地区は40％も出ました。やはり、それだけ日ごろの生活が川とつながっていたんだと思いますね。

先駆的だった精神衛生の仕事を計画的に進めて保健婦の増員へ

関谷 1963（昭和38）年〜1964（昭和39）年にかけて，保健所と共同で精神障害者の実態調査もしましたね．この時は民生委員さんや保健補導員さんも協力してくれて，調査を始めてから1965（昭和40）年ごろは，次々と精神障害の事例が出てきました．石巻では精神障害者に対する活動は，早くからやっていたと思いますが．

今野 牡鹿半島のほうの訪問では，土蔵の中に精神障害者が入れられていて，窓からおにぎりを入れたりしているという報告もありましたね．

関谷 自宅監禁で，座敷牢とか犬小屋のような所に入れられている人がいましたから，こういう人を何とか医療に結びつけたいという，強い思いが保健婦側にあったと思いますが，新しく設置された精神衛生センターの保健婦や医師の力が大きかったですね．かなり早い時期から，保健所や地域に出て相談会を開いていましたし，私たち保健婦も県立名取病院で1週間の精神科病棟実習をしています．

長沼 1967（昭和42）年に石巻市に合併した稲井地区（旧稲井町）が，石巻保健所管内の実態調査に最初に取り組んでいて，ここでは早くから「さくら会」という家族会もできていましたよね．

蓜島 旧稲井町は小さな町だけれど，保健婦が2人いて地域に深く入り込んでいましたね．乳児の訪問と同じような感覚で，すんなりと精神障害者の家々を訪問していたように思います．

今野 稲井地区は山間に集落が転々とあって，採石場もあり，砕石の粉塵で硅肺も見つかるやら，1970年代（昭和40年代後半）になってからも集団赤痢が発生するやらでいろんな問題がありました．旧稲井町の2人の保健婦がしょっちゅう訪問をしていましたから，いろいろなケースに出会う機会も多かったと思います．

関谷　保健婦の数も増えて，精神の問題なども浮き彫りになってきたということもありますが，今野さんはずっと計画的に保健婦の増員をしてきたと思いますね．

　今野　「人口3,500人に保健婦1人」を目標に取り組んできましたね．

　関谷　厚生省の文書を盾にとって，今野さんはしつこくやっていましたよね．

　菰島　今野さんはそのための根回しを結構していたと思います．

　関谷　私たちは「こうして欲しい」と要求だけ今野さんにぶつけていたんですが，今野さんはいつの間にかちゃんと取りつけてくれましたね．若い保健婦の言うことも，拒否的ではなくきちんと受け止めてくれたから，今考えるとほんとうに幅の広い考え方を持っていたんだと思います．

　今野　これは絶対にしなければと思う時は，今すぐに単刀直入にはできなくても，遠回りで動きましたし，課長などが異動の時は申し送り書として引き継いでほしいと話しました．

　長沼　私の場合は，1970（昭和45）年ごろの保健婦活動を振り返って見ると，やはり精神衛生が頭に残っていますね．就職してすぐ家族会の仕事をし，長い間精神の業務担当をしていました．稲井町が石巻市に合併してからは，旧稲井町の「さくら会」（家族会）に，市内の患者さんの家族が入会するというかたちをとったので，家族会もしばらくは稲井地区でやっていました．（さくら会は石巻市家族会になった）

　保健婦は「さくら会」ニュースを作ったりして支援しましたが，職場は自由に言える雰囲気があって，同級生には「他の職場はそんな雰囲気はないよ」とよく言われていました．課長に盾ついたりもしていましたが，そのことで，上司だった今野さんから怒られた記憶はないですね．

薊島　それから，今野さんは結婚前の私たちにエッチな話もいっぱいしてくれたり，ジョークもすごかったですね．衛生教育なども一方的に話さないように，和やかな雰囲気を作って話をするようにと言われました．お酒を覚えさせられたり，いろんな意味で教育をされましたよ．

　今野　笑いのない職場は嫌だものね．今考えると夜は衛生教育で出かけるし，よく体が続いたと思いますが，当時はあまりきつく感じなかったんですね．でも，母がいるうちは夜もお産がありましたから，子どもと朝までいっしょに寝るなんてことがなくて，「お客さんが来ると憎たらしくなる」と子どもに言われたことがありました．

　母が亡くなった1960（昭和35）年ごろに，保健婦を続けるか，助産所を継ぐかでいちばん悩んだんですが，施設分娩が増えてきたし，年齢も40代に入って健康が問題だったので，結局保健婦を続けることにしたんです．夫は私より穏やかな性格で，出勤が遅い時などは朝ご飯を炊いて，子供たちに弁当を持たせてくれたり，よく協力をしてくれましたね．

　関谷　今野さんはほんとうに，風邪で寝込んだということもなかったですね．

　今野　3月のころ，石油ストーブの調子が悪くてふっと吹いたら，たちまち毛髪が焼けてしまって，火傷で外科に入院したことが1度ありました．その時も，来年度の事業計画を立てる時だったから，1週間くらいの入院でしたが，関谷さんと薊島さんで，結核の計画をどうするかと病院に押しかけてきましたね．

時には栄養士，歯科衛生士の仕事も医師会との調整も大切にして

　今野　私はやっぱり走っているほうが好きだから，じっとしてい

るのが今でもつらいですね．同年輩の人が「疲れるんべから，足ながさい」と言うけど，私は座っていたほうが楽だから，こたつにもどっぷり入れないんですよ．

　莇島　今野さんは背筋がぴっと伸びて，いつも姿勢がよかったですね．家事も仕事もきちんとやるタイプで手早いと思いました．

　今野　新しいことを雑誌で読んだり，講習で習うと，すぐ家でやりたくなって，みんなに食べてもらって「どう」と聞くのが好きでしたね．だから，自分で作ってみて，これならみんなも作れると思うのを，衛生教育の調理実習に取り入れたりもしましたよ．

　莇島　当時は保健婦が調理実習の指導もしていましたね．でも，今野さんのように実際に台所をしている保健婦ならよいけれど，私たちは就職したばかりでしたから，予行練習はしたものの，どうにもならなくなった時がありました．今考えるとよく住民の人たちがだまって聞いてくれたと思いますね．

　関谷　東浜地区で実施した栄養教室で，マヨネーズが固まらなくなった時は，顔から火が出るようだったね．多分油を少しずつ入れなきゃならないのに，どばっと入れてしまったから分離してしまったんだと思います．「油もとれるし，卵もとれるから」といって，分離したマヨネーズをみんなが食べてくれたけど，調理では住民のほうが大先輩なんですよね．

　それから，浜のほうに住んでいる人は野菜を摂る量が少ないので，野菜をどう摂るか話したら，「漬物がいい」と言われてしまって，漬物がとてもじょうずな保健推進委員さんを講師に頼んで，ピーマンや玉ねぎ，青いトマト，わかめの茎など，7，8種類の野菜を入れた浅漬けを教えてもらった時がありました．

　長沼　それから，保健婦は歯科衛生士がやるようなこともやってましたね．1977（昭和52）年ごろから虫歯予防をモデル地区として始めていたので，歯の取り組みとしては早いほうだと思いますが，

歯科医が指導医だったので，その先生を通していろいろやりましたね．

蒜島 今野さんの人柄もあったと思いますが，医師会の協力はとりやすかったと思いますね．しかし，これもじょうずに根回ししていたんでしょうか．

今野 ちょうど私が退職する年度でしたが，1976（昭和51）年に歯科衛生士の必要なことを国保運営委員会で話た所，すぐに認められて，1977（昭和52）年4月に保健施設事業の中に歯科衛生活動を導入することができました．

医師会とは予防接種の単価が安いとか高いとかいろいろありましたね．何をやるにしても医師会がからんできますから……．でも保健活動については協力をもらいました．私の場合は，国保運営委員会など医師会の代表や議員の出席する場に出られたので，よかったと思いますが，何かにつけてそういう場に出ることは，仕事の連携をとる上で必要だったと思います．

蒜島 今野さんは出席をしたら黙っている人ではないので，いろんな時に保健問題を提言していて，それが実現に役に立ったんだと思います．引っ込み思案だとそういうことができないんですよ．

今野 仕事の根回しはあまりかたい席ではなく，お茶を飲みながらとか，お酒を飲みながらもしましたね．

蒜島 レントゲンの検診で荻浜地区に行った時，船の上ですごい雨に遭いずぶぬれになって，荻浜支所で衣服を乾かすのに暖をとっていたんです．そうしたら，「仕事も終わったことだし体も冷えているから」と，お酒を出されたんですよ．この時は，さすがの今野さんも腰が立たなくなってダウンしていましたね．確か「デンキブラン」というお酒で……疲れた時に急に飲んだからだと思います．

石巻市看護研修会　1962～3年ごろ

退職まで現場活動を続ける公的サービスのできる保健婦を育成

　関谷　今野さんの若い保健婦への教育は，いっしょに仕事をしながら学ぶというやり方で，ちょっと怖い面もあったけど，若い人を絶対に潰さなかったですよね．「ああしたい，こうしたい」と，私たちが突拍子もないことを言っても，必ずそういう方向にもっていってくれたし，私たちはかなり言いたいことを言っていたんですよ．
　それから，当時若い保健婦たちは「看護研究会」とか，「ワロンの会」「2の会」などの自主サークルを作って，夜間に集っては学習をしたりしていたけど，のびのびとサークルをやってましたね．
　菰島　今野さんは若い人の企画で「何でもいいからやってみなさい」と言ってくれました．だから，上司の顔色をうかがったり，若い人の芽を摘むようなことはなかったですね．
　今野　今まで自分たちがやってきた仕事がマンネリ化しそうに感じたから，若い人の考えを取り入れて，やったほうがよいと思っていたんです．
　菰島　私たちがぶつぶつ言っていると，「言いに行ったらいいっちゃ」なんて，今野さんは言っていましたね．これが焚きつけだったかな……．それで私たちが課長とあれこれやっていると，蔭で応援してくれました．「課長にきちんと説明してきなさい」とよく言

われましたね．若い人を育てるという意識で接してくれたんだと思います．

関谷　年配の保健婦が多い職場に，私と蒜島さんが就職して言いたい放題だったから，その間に入って，今野さんはたいへんだったと思います．

今野　社会の変化に対応するのに少し対立はあったけど，そのことにあまりこだわらないで，言いたいことは言わせようと思っていたから，そんなに気にならなかったですけどね．

長沼　今野さんが「技術主幹」という課長補佐待遇になってからのことですが，事務補佐という人もいて，「保健婦は生意気だ」と言って関係があまりよくなかったんですよね．この時に，「私の部下のことをあんたに言われたくない」と，今野さんがたんかをきっているのを聞いたことがありました．

今野さんは言わなきゃならないことはきちんと言っていたし，感情に流されなかったから，事務職の中でも一目置かれていたと思いますね．「保健婦の勝ちゃん」と言えば蛇田地区では知らない人はいなくて，名物的存在でしたからね．

関谷　だから，今野さんが退職してからは，頼ってばかりじゃだめだと，係全員で予算を立てるようなかたちにしましたね．

長沼　今野さんがいた時は余計な心配をすることなく，仕事だけ，自分の地区のことだけ考えて仕事ができたから，ほんとうにいい時

石巻市役所の保健婦たち．前列左から2人目が今野勝子．1972年ごろ

代だったと思います.

関谷 保健婦関係の雑誌も,予算を獲得して何冊もとっていたし,研修にも足を引っ張る人もなく堂々と行ってましたよね.「保健婦のつどい」の報告書も業務研究会で報告したりしていました.

蕳島 今野さんは,私たちが外に出かけて「ただいま」と帰ってくると,必ず「どうだった」と聞いてくれたし,訪問記録も必ず目を通してくれましたね.

長沼 記録は全部見てくれてアドバイスもしてくれました.

関谷 今野さんは,やっぱり住民から笑われないように,「公的サービスはきちんとしなければならない」とスタッフに接していましたね.それから,1人1人の保健婦の性格も見抜いて,この人にはこれくらい言っても大丈夫だとか,この人はこのくらいにしようとか調整もしていたと思います.

でも,そうやって気を使って教育しても,ちょうど一人前の保健婦に育ったころの3,4年目に辞めて,養護教諭になってしまう人もいて,ほんとうにがっかりした時もありました.

蕳島 今野さんは「ここは養護教諭の養成機関じゃないよ」と言ってましたよね.

それから,有給が1日もなくなった保健婦が風邪をひいた時,「職場に出ればいいからとにかく出てきて」と,電話をしているのを聞いていたけど,保健婦の数が多くなればそれなりにスタッフの面倒も見なきゃいけないから,ストレスもあったでしょうね.

今野 係長になった時に,係長の役割は何かよくわからなかったので,研修をさせてほしいと言って,仙台に10日ぐらい行ったことがありました.でも,事務職対象の研修だったからあまり意味がなくて,やはり自分で勉強をしなければと思いましたね.厚生省の中央研修などでもその必要性を言いましたが,具体化しなかったと思います.私の場合は,係長になってからも地区を担当して,退職ま

で現場活動をさせてもらいました.

菰島 日報の集計などもまとめを今野さんがしていましたが,今野さんの退職後は月ごとに順番で集計をすることにしましたね.

関谷 今野さんは仕事もバリバリやって,保健婦の調整役もして,宮城県看護協会の役員の他に,宮城県の保健婦の歴史編纂もしたんですよ.あれは高く評価されましたね.

今野 1970(昭和45)年ごろは2人の子供たちも成長して,東京や福島に行ってましたので,比較的に体が空いて,宮城県看護協会の国保保健婦部会の委員として,1969(昭和44)年ごろから1977(昭和52)年ごろまでの7年間,保健婦の歴史の編纂を行いました.退職をしてからも同じメンバーで作業を続けたんです.

司会 今野さんの歴史編纂の業績はほんとうにすばらしく,今野さん自身も大論文を書かれています.(この本の中でも掲載させていただくことにしました)この座談会では,自分にはひじょうに厳しく,保健婦の道を歩み続けてこられた「今野勝子像」が,本日は別の角度で語られ,たくさんの保健婦たちに学びの場を与えてくださったと思います.参加いただいたみなさま有難うございました.

#　Ⅳ．資料編

国保と共に30年

今野　勝子

国保創設時代

（1）昭和初期農漁村のくらし

　東北の農山村には，毎年の様に打続いておそった冷害で経済疲弊が押寄せ，その生活のきびしさは口筆に絶する有様であった．
　昭和8年3月3日未明来襲した三陸大震災は，それに一層の拍車をかけたのである．小作農家の12月といえば，地主に年貢米を納める時で忙しい．午前3時，明けの明星が冷たくかがやく空に時折り頬を突き刺すような粉雪の飛ぶ庭先で，軒下にゆらぐ提灯のあかりをたよりに「ザリーッザリーッ」と干把ごきで稲をこく農夫の姿があちこちに見られ，その農夫の指先は，ガサガサにささくれザックリと裂けた傷口には，アンマ膏がべったりと貼られている．一日中休む暇もなくかせぎ続けた夕方は，尚，雪の積もった「稲にお」の雪を竹竿で叩きおろし，あしたの朝の作業準備に庭先へ稲を背負い運び入れる頃，やはり宵の星を仰いでいるのである．家の中では，杉や松の枯葉を炉にいぶらせ部屋中に煙がたちこめ，子供達の目のまわりには，目やに混りの涙がこすりつき赤くただれている．
　ランプのほやを拭く子供の手が紫色に凍ぶくれて裂傷となり，巻いた布切れにベットリと血がにじみ，さわるとガサガサしている．時々「ほや」を拭く手を休めて，口の中に指先を入れて「ハアー」と白い息を吐きかけて温めている．ようやく一日の仕事を終えて親子が顔を合わせ，無雑作に並んだ夕べの食膳に坐る頃には，母の乳房に手をかけるのももどかしく乳首を口にしたまま安堵の眠りにつく赤坊を抱く母も又父も，

子供等も口数は少ないが明日への希望で目をかがやかせている．百姓は唯々働くだけである．そんな毎日がくり返され，やがて南京袋につめた米が縁側に積みあげられる日が来る．でもそれはつかの間の喜びで，大方の米は大八車に積み地主の家に運んで行くのである．農家であっても，小作農家では一年間自分の家でたべる米に事を欠くというそんなわびしい暮しが，大正末期から昭和初期における農村生活であった．と記憶をよみがえらせるものである．農漁村の不況恐慌は経済をいよいよ圧迫し想像以上に深刻に陥り，加うるに乳幼児の死亡やトラコーマ，寄生虫による疾病など意外に多く，これら病気による医療費が家計の中に占める割合が著しく高いことや，家計調査の結果では赤字が連続して負債が多くなっていることなどが明らかとなった．そこで農村における貧困と疾病の連鎖関係を断ち切ることや医療の確保に対する意識が高まり，更に医療費軽減の施策について古くからあった農村の医療共済組合の状況と昭和2年に実施した健康保険制度及び諸外国の国民健康保険制度を基本として昭和8年から調査研究が進められて昭和13年にようやく国民健康保険法の成立をみ4月1日法律公布になったものである．

（2）国民健康保険創始時代〜産業会医療利用組合代行

この頃既に賀川豊彦氏の主唱で恐慌下に喘ぐ農村更生運動の重要な一環として産業組合立の総合病院および無医村診療所の設置が医師会の猛反対を浴びながら全国的に燎原の火の勢でひろがり，この医療産業組合の組織を基礎として国保を発展させる英国式の進め方を考え将来の医療国営への架け橋とすることが力説され，産業組合の経済力を国民健康保険が利用するということが考えられた．そして現在医療事業を行っている「医療利用組合」に限って，産業組合が国民健康保険を代行することが認められるものとして国保法の成立に至ったものであるといわれる．

（3）東北更新会成立

東北地方の貧困と疾病の特殊現象に対応して生活の更新を図って住民の健康を守ろうと，東北の各県一丸となり東北更新会を設立し，それぞれの県に支部を置き，更に地方町村に分会を設けて各種の事業が実施さ

れたもので昭和10年に設立したが宮城県では本吉郡御岳村，伊具郡耕野村・西根村，刈田郡大鷹沢村，志田郡長岡村，黒川郡粕川村，桃生郡広淵村，牡鹿郡蛇田村（このほかにも実施分会村があったようだがさだかでない）などが分会村として昭和13年頃からいろいろな事業が行なわれていたことは，当時の伊具郡耕野村に住み，東北更新会耕野村分会職員だった方からの便りで知ることが出来たもので，このほか本吉郡津谷町の佐藤忠子姉からも詳しいたよりを寄せてもらいまとめたものである．

　この事業の推進母体となったのは県の社会課で，その事業の主なものはトラコーマ撲滅対策，寄生虫駆除，栄養改善事業及び母性乳幼児の保健指導である．トラコーマ撲滅対策は県の衛生技師（佐々木富夫，鈴木寿郎，松山京子，保健婦として鈴木いなつ，伊藤君枝，介補者八島とみを，太田，男沢，平山いさを，などが分会指定村に派遣されて集団検診を行ない，発見された患者の洗眼はその指定村で勤務する職員（看護婦，助産婦の有資格者で洗眼の経験の有する者）や保健指導員巡回指導婦などが，毎日役場の一室に治療所を設けて洗眼に当ったものである．県からは定期的に医師，看護婦が派遣されて検診に当り，その度にトラコーマ患者が減少してゆくのであった．

　栄養改善は，藤井技師が分会村のモデル部落に派遣されて毎月講習会，実習がくりかえし行なわれた．

　分会村には保健指導員，巡回指導員，保健婦という名称で採用された職員によって家庭訪問も行ない病人の看護や母親が乳幼児，児童保護に対する認識を高めるための指導や教育の強化を図り，疾病予防につとめるなど医療機関の不足に対応する保健活動が推められたのである．

　御岳村の猪野姉，村田姉，岩間姉，粕川村の横田姉，蛇田村の今野などが従事した．

（4）国民健康保険法制定と施行

　生産と生活の一本化をなしている日本の農民に対する産業組合の全国的動きとして既に組合内に受療組織が成立していたが支払い組織がなければ目的達成が充分でないこと，予防活動と治療を自然に結びつけられ

ること，保健婦活動に対して指導援助が充分出来るなど数々の利点をあげて産業組合が国民健康保険を代行するいわゆる産組代行国保事業が昭和15年頃から開始された様である．遠田郡，登米郡，志田郡の穀倉耕土の地方でその先端をきって行なわれている．

又，これと時を同じくして産業組合代行でない国民健康保険組合が伊具郡耕野村，登米郡浅水村，本吉郡津谷村に開始されたが3年位の間は療養費の支払や助産費の支給のみを行い，財源難のため保健婦は設置しなかったという．

しかし耕野村では昭和15年に初めて保健婦として水沼うめ姉による活動を開始したという．相扶共済の趣旨徹底につとめながらこの事業を推進するために事務従事者の苦労は並々でなかったといわれる．続いて昭和16年矢木町国保組合に矢口文，17年浅水村国保組合の春日徳子，遊佐きゑ，鹿折国保の遠藤ふくみ，蛇田村国保の今野勝子など，又産組代行にあっては遠田郡大貫村の鈴木すみ，渋谷なかよ，同郡中埣村の管野ハツヨ，北浦村の鹿野せき，富永村の伊藤ふゆみの諸姉が居りこのほかに栗原郡沢辺村，畑岡村，志田郡高倉村，三木木，黒川郡大郷村，加美郡色麻村，桃生郡中津山村，桃生村，宮城郡多賀城村，登米郡南方村，新田村などが国保事業をすすめていた．これらの多くの村は，大崎久美愛病院を中心に診療と疾病予防事業を展開したという．この中で特に農村民の保健衛生を担って活躍し，彼の小宮山新一氏が岩手県で開催された保健婦講習会の折に「宮城県で最も保健婦らしいすばらしい活動をしている保健婦」として紹介されたのが「鹿野せき」姉である．彼女は地区の保健活動は勿論の事，同地方に勤務する保健婦の業務研究会のリーダーとして，質の向上や組織の育成，活動業務内容の強化拡充などに尽力された．

この頃（昭和17）産業組合県連合会では，保健婦の指導員として「戸井つよ」姉（現在姓佐藤）が勤務されており，又国民健康保険組合連合会には「佐藤としを」姉が居られて国保組合の保健婦を指導されたのである．既にこの頃から地方事務所に国民健康保険事業関係の職員によって事務管内町村の保健婦を集め保健婦研究会を開催し戸井，佐藤両姉が揃って出席され，教育指導をしてくれたのである．その後間もなく

国民健康保険組合連合会に「梅原ひさ」姉も指導者として来られ，高砂村の国保組合のモデル活動をしながら助言指導をされたのである．

　国民健康保険事業施行の上でその趣旨が農山漁村民によく理解され，制度施行が円滑に進められるため，厚生省・道府県・保険者との緊密な連繋を図る目的で国民健康保険協会を結成したという．

　これは特に保健施設活動の発展助長に尽した実績が大きかったそうである．国民健康保険事業は，保健婦活動を重視して昭和14年から我国初めての農村保健婦の養成に力を入れその普及を図った．昭和15年には厚生省が各府県に積極的に勧奨して国民健康保険組合を設立させ，昭和16年3月をもって全国的運営をみることとなり保健施設については，保健婦を中心にする実際活動を農山漁村に進展させ，その活動開始が事業の黎明期をなし，保健婦活動は国民健康保険の保健婦によって国内に浸透した．

　昭和16年2月に厚生省保険局の調査結果によると調査対象889組合中，保健婦設置組合数309（34.8％），保健婦の数334人で同年度中の養成設置計画603人でその殆んどは国民健康保険組合に設置するものである，と発表した．

（5）震嘯記念館と隣保共済事業

　昭和8年3月の三陸大震災で沿岸漁民の津波被害は事の外甚大であった．全国から寄せられた義援金が多大に及んだという．その一部をもって県内被害地沿岸32ヵ所に震嘯記念館が，一朝震嘯ある時の避難所とし，又平時においては沿岸漁民の福利増進を図る事業所とする目的で建てられた．これらは大部分沿岸近くの農村部に設けられて農村民の文化的教育的目的を持つ隣保事業を行うところとなり，その細目も次のように掲げられていた．

① 教育方面（公民教育・美術・職業・宗教など）
② 社会教育及び調査方面（細民調査（零細民）・労働者生活状態調査・一般社会状態調査）
③ 修養的方面（学術講習会・読書会・精神講話会・文芸会等）
④ クラブ方面（少年少女クラブ・男子クラブ・婦人クラブ等）

⑤ 経済的方面（郵便貯金・共同購入分配会・共同販売会・見本展覧会）
⑥ 訪問に関する方面（家族訪問，病者訪問，出征軍人遺家族訪問）
⑦ 文化的方面（図書館，巡回文庫，絵画展，美術展）
⑧ 保健的方面（巡回保護，児童健康相談，共同浴場，児童遊戯場住宅改善）
⑨ 娯楽方面（音楽会，演戯会，活動写真，民謡）
⑩ 社会保養的方面（職業紹介，人事相談，法律相談，少年保護，常設又は季節託児所）
⑪ 教化的方面（生活改善運動）
⑫ 婦人に関する方面（育児教育，常識教育，栄養料理講習会，作法，裁縫，手芸など.）

　この事業に従事する者は打算的経済的求報的でなく一意専心，所謂隣保に対する人格的接触をなすべきであるといっている．有志の人物が全人愛をもってする隣人の社会生活に関する教育的，精神的奉仕運動である故に寺の住職などが之に当った様である．この事から隣保協会保育園を設立して児童保護の強化を図り季節託児所開設で働く農漁婦人の健康を支えつつ，現在の公民館活動の前提となり保健婦活動要求の場となりその展開への拠点として，保健婦もその精神にのっとり，滅私奉仕の活動を行ない住民の生活と結びついて緊密な関係を深めたといえるのではなかろうか．

（6）宮城県の母子衛生概況

年　別	出生（生産）人口	千対（率）	生産100対の死亡	全国平均
昭和　9	44,812人	36.70	12.0	12.5
10	45,039	36.47	12.1	10.7
11	45,922	35.03	12.1	11.7
12	46,068	36.19	11.1	11.4
13	41,32	31.99	11.2	10.6

乳児の主要死因別状況

死因別	出生1,000対	死亡総数1,000対
①先天性弱質	29.07	274.8
②肺　　炎	19.15	181.1
③下痢腸炎	18.30	173.0
④3ヵ月未満の固有疾患	4.42	41.8
⑤脳膜炎（結核性除く）	3.96	37.4
⑥気管支炎	⑦早　産	⑧乳児脚気
⑨百　日　咳	⑩麻　疹	⑪先天畸型
⑫梅　　毒	⑬搐　搦	⑭丹　毒

（7）宮城県における最初の保健婦講習会

　昭和15年8月宮城県社会事業協会主催により，本県はじめての保健婦保育指導員の講習会が仙台市の長生園で開催され60名程の現任者や初心者が合宿し，期間は3週間位であった．殆んどが産業組合代行国保の保健婦として，又国保組合の保健婦として，或いは東北更新会の保健指導員，隣保協会の保育園に勤める保育指導員として活動している方々であった．

　講習内容の主なものは次のようである．

生理衛生，一般看護，救急法，伝染病予防法，医療保護法……（講師　曽根利雄）
育児一般……（講師　安西　勇）
母性及び乳幼児保護……（谷川）
児童保育……（倉石創造）
児童心理……（相沢慶大心理学教授）
社会保険一般……（谷口正弘）
社会事業，保育所の持つ意義と事業……（加藤林三県社会課長）
東北更新会事業……（大場）
養老事業，家庭訪問調査法救護法……（国安泰嶺）
栄養改善……（藤井円証）
愛国婦人と社会奉仕……（坂本）

社会保健婦事業……(前川……山形県社会保健婦)

以上の様なものであった．この中で講師曽根利雄先生については，よく保健婦諸姉に知られた方で宮城県の国民健康保険の普及に尽力され，その中における保健婦事業を積極的に推進するに意を注がれた．県庁社会課技師として町村の衛生状態をつぶさに捉え，その実状に合った地域保健活動をすすめるために国保の保健婦を強力に支援されたという．昭和20年頃，保母の教育講習に出席して居る時に発病して亡くなられた惜しまれる先生であったと，曽根先生を知る多くの保健婦の追憶を承ったのである．

又栄養の改善指導を一手にひきうけ県内を巡られた藤井先生は衛生部の栄養技師として，戦争中から主食代用にパン作り，カボチャ料理を教え，又豆理の浜で塩の作り方やその他野草の食べ方，このことは……現在の皇后陛下が女子青年に対して野草の洗い方，食べ方に至る講義をしたものを伝達講習をすることなどもあったという．山形県の社会保健婦前川姉は（その時ベージュ色のワンピースに白の衿カラー，エンヂのネクタイのスタイルそれが制服である）公衆衛生看護事業の歴史，保健婦の資格，それに山形県の保健婦の状況をかなり詳しく説明された．昭和15年における保健婦の平均年令が28才，未婚者で土地の者が多い．

保健婦としての三大要素を

A　教養　　　　B　技術　　　　C　社会的視覚

であると強調．

山形の保健婦活動を六つの型に分け

①医療機関中心の活動　②助産を中心とする母児活動　③愛育指導訪問中心の活動　④都市部の方面看護婦中心活動　⑤学校看護婦兼務活動　⑥特殊社会施設対象活動

を掲げられた．

そしてその当時の社会保健婦を要求する社会的情勢として，（イ)治療医学より予防医学であること．（ロ)サーベル衛生より指導衛生である．（ハ)医者と大衆との間隙……(無医村に対する応急対策と生活環境の改善指導）の３つを掲げた．名称も様々で訪問看護婦，巡回看護婦，保健指導員，社会看護婦，衛生婦，訪問婦，社会衛生婦，方面看護婦，

保健指導婦，公衆衛生看護婦等があったという．

　宮城県における公衆衛生看護事業は，一応東北更新会，産業組合代行，国保組合という事業と共に展開したものと云えるが，その以前の状況について知るすべが無い．

　アンケートからの結果による保健婦活動の状況等によれば昭和16年遠田地方農村の産組代行国保の活動が最も早く，産業組合県連合会主催による業務研究会が持たれており，又補導員又は保健班という協力組織をもってケースの連絡案内，検診や注射の介助をうけ，事業推進に必要な住民への周知方法としては，産組の機関紙『家の光』を利用して誌上教育をした．

　国民健康保険組合の保健婦活動も昭和16年開始されているのであるがアンケート協力者では昭和17年が最初であり，地方事務所が中心となり国保組合連合会の指導保健婦により指導助言をうけて業務研究会を定例的に行い，補導婦，連絡員，指導班等様々な名称を用いた協力組織によって訪問，検診，予防接種を実施したといっている．医者は勿論少いが非常に協力的であったという．在宅病人の治療に関しては殆んど保健婦が医師の代行行為をし，医師も又，保健婦は医師に対して協力的であるものとして任じていた．電話といえば村役場に一つあるか，なし，自動車など滅多にみられない．自転車が最高の足とした時である．広い地域に及んで往診を毎日など考えもつかないし，さりとて入院は医療費，看護者の都合がつかないので，危とく状態でもなければ望めぬことであったから，早期治療をすすめようとすれば医療行為なしでは出来ない事情に追いこまれたのである．

　衛生教育は，紙芝居，指人形劇等を媒体として行なった．業務研究会にこの紙芝居のネタを造り，絵を画き，新聞紙を水に溶いてねり人形の顔を造るなど教材製作をしたものである．

　母子対策事業は活動の大方を占めており，訪問検診，相談は殆んど乳児，妊婦に集中された様でそれにトラコーマ対策としての洗眼，検診，駆虫薬投与，栄養講習会，農繁期共同炊事の指導，季節託児所での児童の世話などがあげられている．之に助産業務が国保の施設事業として取り入れられた所もあって，保健婦が助産も行なった．

(8) 体力手帳

昭和16年に東北帝大，瀬木三男教授の発想で体力手帳制が施かれ，出生した児の体力を国家が管理して立派な国民に育てるために交付する．男子は満26才，女子は満20才まで大切に保存するというものである．

戦時中，物資不足の時に妊婦や子供に対し必要な物資を特配してもらうために有効に利用されたもので，之が次第に社会の情勢に応じて改善されて今日の母子健康手帳となったものである．

(9) 戦時体制下の保健婦活動

健民健兵政策は，筋骨薄弱青年の合宿修練に，又ツベルクリン，BCG接種を青年を対象に行ない開業医の多くが軍医として徴用されると，それらのすべてが保健婦の手を待つようになった．

発熱腹痛は，毎日どこかの家庭でおき，医者を呼んでも応じてくる医者もなく家族が思案のあげくの果てに保健婦を迎えに来る．かけつけてみると，ころげながら痛み苦しんでいる病人を囲んで家族は途方にくれている．何をしてあげればらくになるだろう．何で痛んでいるだろう．と痛み始めた時をきき，痛む場所を触診し，便の様子をきき，熱を計り，吐き気の有無，昨日からのたべ物など問診した上で役場へ戻って医師に電話で知らせる．その間，浣腸，温罨法，冷罨法など症状によって応急処置をして医師の来るまで時を待つが，どうしても医者は来られず家人を迎えにやると注射器と注射液を持たせて帰し，保健婦に注射をしてもらうようにと指示をする．何とかして早く痛みをやわらげてあげたいという一心で，医師から届いた注射をしてあげることになるのであった．

本吉郡鹿折村勤務の遠藤ふくみ姉は当時の思い出を次の様に記している．

「当時女子職員は和服に袴をつけていたが，上っぱりにモンペをはきズック靴をはいて婦人用自転車に乗り，さっそうとペダルをふんで家庭訪問に廻る自分は，多くの住民の注目を浴びた．助産婦が居ないと分娩の介助，沐浴をする．産婦は家の一番暗い部屋で畳一枚を剥ぎ板の上にワラを敷き，うすい布切れをのせてその上に座ってお産をする．赤坊に

着せる着物を早く作ると弱い子供が生まれるというので作っていない．母親の腰巻に包む．いくら早く作って準備する様にと教えてあるいても迷信が強くて，効果はなかった．又毎夜のように腹痛だ発熱だといって，寝ばなをおこされ医者を呼んでも来てくれないし，患者の様子を言ってやると薬を持たせてよこす．遂に投薬だ，医者だと医療行為をしたり寝ずの看護をしたり，という一人で二役，三役が普通であった」ということである．

又本吉郡津谷村の三浦たつ子姉は「この村は消化器系の病気が圧倒的に多かった．それも寄生虫が目立ち，小麦カラを煎じて学童にのませ虫下しとした．トラコーマ，結核も上位を占め山間部，海浜地方の迷信は，生活すべてにおいて住民をとりこにしていた．女子青年を保健補導員にしトラコーマの治療（洗眼，点眼）にも協力してもらい，保健婦が筋骨薄弱青年の合宿訓練に食事の手伝いをさせられた」ということである．

室中を煙らせるたき火，手洗設備のない汲取り便所，糞尿は田，畑の肥料．溜り水で野菜を洗い堀の水で洗濯をし，裸足裸手で田畑の作業をする．石けんで手を洗うのは医者かお客さんという様な暮しの中で，蛔虫が元気よく口の中から飛び出すし，何日も腹痛をくりかえし青白くやせた子供の排泄した便が数え切れない程の蛔虫のかたまりなどということは方々に聞くことである．とに角それをどうかしなければならないという気持ちだけで自分をみつめるとか，やっていることがどうなのかなど考えているどこではない．科学的な指導や説明だけでどうにもなるものでなかったのが事実である．自分の家に井戸があるとか風呂があるという家が5〜6軒に1軒位しかない．もらい水にもらい風呂である．又，夫や父が戦地に征った家庭を訪問するとその安否を気づかって暗い気持にとざされている老人やお嫁さんをいたわり，はげます言葉を何と云おうかと考え乍ら歩いたものでもあった．

(10) 国民健康保険組合保健施設と国の対策
　(イ) 国民健康保険実施3周年記念大会
　　　　昭和15年10月9日財団法人国民健康保険協会は，内務省，農林省，厚生省後援により産業組合中央会館において第一回全国大

会を開催しその研究部会が作成した厚生大臣諮問に対する答申案の中で，国保の保険給付改善拡充に関すること，保健施設の普及徹底に関すること，国庫都道府県，市町村費の補助のことを取り入れたものであった．又大会決議事項でも，国庫補助，無医地区診療所開設，保健施設には原則として保健婦を置き農村民の結核予防，母性及び乳幼児の保護，栄養改善，寄生虫の予防等は必ず之を行なわしめるようその実現方について政府に建議することなどが決議されたという．

(ロ) 農山村隣保施設に対する特別国庫補助

隣保施設の行なう事業のうち保育事業，保健婦の巡回指導，健康相談，生活改善等の集団指導など乳幼児，児童並びに母性を中心とする内容の事業に対して国庫補助が交付された．

(ハ) 国保組合保健施設実施要綱

昭和18年9月厚生大臣次官通牒より，この要綱が示されてこれを主軸として保健婦活動を推進するようになった．その後財団法人国民健康保険協会は事業を推し進めるために地方国保連合会に対する助成をして保健施設活動を高揚させようと，連合会に専任技師，専任保健指導員の設置，保健婦の増設，地区別連絡協議会助成等，積極的に運動を展開した．昭和20年3月の国保人口41,161,301人となりその中から厚生省が指定組合を設定して国保事業の最高水準の指標として全国22組合を指定したがその中に本県では本吉郡の津谷村が国保運営一般面で，保健施設では山形県の西村山村が指定された．

(ニ) 保健婦の再教育と速成

昭和19年後半から20年前半の世相は全く行きづまりとなり，日常生活に困難と戸惑いを来たしたが，この様な環境条件は却って保健施設と保健婦活動を必要とする情勢を作りあげたようで，その活動範囲は一段と広がり，社会的要求により国保保健婦の再教育講習が地方別に10数回も国民健康保険協会により開催され，本県は産業会，社会事業会等が中心になり松島の瑞巌寺，小松島育児院，大隈隣保館，傷痍軍人宮城療養所，岩沼竹駒神社等で1ヵ

月～3ヵ月という期間，教育研修が行なわれて保健婦の速成が成された．

　医療の面も，経済面もすべてに不自由な生活を健康で働き続けて支えなければ暮らせない時だけに健康生活の支援者として期待され，それに応ずることが保健婦であることに自信を深め，心に張り合いを感じて活動したものであった．

（ホ）国保事業の崩壊と保健婦増設

　国保の保険料滞納，保険医療の悪評が相関し合い，国保診療はいよいよ敬遠され，運営の困難を来たし，職員の給料未払い，診療報酬の未払いが続出し次第に崩壊する組合が，あちこちに出て来たが，しかしそれらとはうらはらに保健婦の設置は増え続けたのである．この事はアンケートに協力された人達の年次就業状況からもうなずけるものである．

　昭和16年から25年までの就業数
　昭和16年　　2人
　昭和17年　　5人
　昭和18年　　6人
　昭和19年　　15人
　昭和20年　　9人……終戦
　昭和21年　　8人
　昭和22年　　7人
　昭和23年　　6人……市町村公営事業の原則確立
　昭和24年　　10人
　昭和25年　　10人……である．

昭和20年から30年にかけて

（1）伝染病の発生と予防接種

　戦争ひとすじにすべてを傾け耐乏と緊張の連続する日日であったが敗戦への転帰は一層不安と混乱に陥入れた折も折21年，22年はアイオン，キャスリンの大型台風に襲われた．その時本吉郡津谷村は洪水となり，

水中に孤立した部落民を救護のため，国保連合会は直ちに梅原保健婦を現地に派遣し，村の三浦保健婦と共に水禍中の難民救護に当り幸い大事に至らずに済んだとのことである．

　その頃から全県に及んで様々な伝染病が発生した．伊具郡丸森では100人を越す赤痢が集団発生し，続いて川下の水を飲んだ角田町にも蔓延した．両地区の保健婦，衛生係の職員は一丸となって患者の隔離，消毒，看護に応援しあったが丸森の武田保健婦が罹患して犠牲者となった．又腸パラチフスの臨時予防接種を県内一斉に行なうこととなった時，県庁でワクチンの配給をうけて町に帰る時の思い出を角田の橘姉は，つぎの様に話してくれた．

　「1日2～3往復の数少ない汽車の最終に乗らないと翌朝の予防注射時間に間に合わない．受け取ったワクチンを唐草の風呂敷に包んで背負い，一気に駅まで走った．もう満員の客を乗せた汽車が今や発車しようとする所である．今，この最終汽車に乗れなかったら角田町の人達の生命を見殺しにしかねないかも知れない．自分の命をかけてもこの汽車に乗らなければと必死になった．片足は汽車の中に踏み入れ，片足は外，片手で汽車のドアにつかまって，とうとう角田に帰り翌朝の注射をすることができた．足の苦しみも手の痛みも覚えることもなく，無我夢中でただガムシャラに住民のためになることは命がけでもやらなければならない，と意気込んでいた．あの様な馬鹿力と度胸もあの意気込みがあったから出たものだ」と今更の様にその頃の保健婦としての重厚な使命感というものをかみしめておられたのである．

　終戦後帰還する兵士の多くは栄養失調状態であったが，回復するやそれぞれ就職し，その中には東京方面との間を往来して県産米をかつぎ放出物資と交換して持ち運ぶ人も多かった．

　南方から帰った人がマラリア熱を再発する事も多くて，訪問するとキニーネを運びやさんから手に入れてのんでいた．夏の暑い日にふとんをかけても尚ガタガタふるえてねている患者をどうすることもできなく励ましの言葉だけで帰ることが多かった．又別の発熱患者を訪問すると，こちらは「発疹チフス」と診断されてDDTを散布したり，患者の脱いだ寝衣を熱湯に入れてシラミを退治したりの作業である．患者の大部分

は死亡した．隣近所の家庭訪問をして疫学調査をし健康観察を連続することも仲々大変であった．更に農村部でのワイル病の発生と死亡，日本脳炎の発生と死亡，津山町，小野田村にも100人を突破する赤痢集団発生等々多彩な伝染病が県内各町村で発生したため，町村の衛生担当者と保健婦は毎日その対策に追われる状態で，殆んどの町村が伝染病の猛威にさらされた様である．

　その頃百日咳も又頻発し乳児死亡の大多数が百日咳肺炎であった．ワクチンも無く，夜，室の暖房といえば火鉢とコタツしかない農家では火鉢に「かなダライ」を乗せて湯気をあげ苦肉の策として焼きネギを手拭いに包み，のどに巻き，又はやかんの口に新聞紙の吸入管をとりつけて蒸気吸入を試みるなどの看護を行なって紫色の唇で咳き込む乳児の顔を眺め，あした来るまでどうか頑張っていてくれるように，と心に念じながら患家を出る時は後がみを引かれる思いで去り難く，夜半眼がさめるとあの子は，又苦しんでるであろうかとあの顔あの咳が耳に目に浮んで来るのである．水飴を造り，豆乳に混ぜて母乳不足の補いとしてのませる指導や，柿，お茶の新葉を摘み，よく洗ってきざみ熱湯のややさめたものを注いでよくしぼりビタミンCを含む湯ざましとして赤ちゃんにのませ，汗しらず（パウダー）を食油（しらしめ）でねり合わせオシメタダレの治療に塗布したり，えじこの赤ちゃんに代ってお母さんにねがいを聞いてもらうなど育児に好ましくない慣習の改善も仲々根気と勇気を要する事であった．

（2）母子衛生模範地区

　終戦まで「生めよ殖やせよ」の国策は一変して計画出産の指導に切り換える保健活動となった．母と子の保護の意味は変らないにしても家族計画，受胎調節の言葉は全く新しいものであり，既にサンガー婦人の提唱する産児制限という言葉が先行しており，両者の意味の相違から理解させるべく対処しなければならなかったのである．分娩は大多数は助産婦の出張による自宅分娩であったから助産婦の居ない地域では，国保の保健婦が分娩介助することを現物給付として認めた保険者もあった．この様な地域程，母子活動を一貫して実施することが出来た様で，県はこ

うした保険者を援助して母子衛生模範地区に指定し，事業の推進を図ったという．

クル病予防モデル住宅．丸森町は検診で重症クル病の発見も多く住宅環境の影響もその発生にプラスする様な建築であることなどの理由から，母子衛生模範地区に指定されてのち町営住宅に「クル病予防モデル住宅」を建築して重症クル病児の治療施設とした．これは丸森町住民だけではなく他町村からも利用させる様になって居り，遠く栗駒町からもこの治療住宅生活に来たという．立って歩けない程の骨畸型を呈するものもあった．これらを含めて総合母子保健活動が認められて昭和27年に保健文化賞を受け，その副賞にもらった金20万円をもって丸森町歯科診療の設備をした．之が現在の丸森町住民の歯科診療に大きな役割を果たしている．

(3) 国民健康保険の保健婦に対する国庫補助交付

終戦直後崩れ去ろうとする国保事業を阻止するためと国保保健婦の処遇改善，国庫補助要求の大会を東京で開き，或いは国会等に対する陳情を繰返し又は厚生省その他の関係方面に全国的な波状請願を行なうなど国保保健婦は自から団結して横たわる困苦の道を踏み越え自己の職域を守った．之は主として国保組合連合会の保健指導員を中核とした全国的な保健婦の運動であったという．この結果昭和21年10月には国保保健婦活動に対する実績の三分の一を国庫補助として交付することが認められた．この陳情運動に当った宮城県国保連合会の梅原指導保健婦は次の様な回顧談を話している．「東京に行って食糧難にそなえて先ず闇米を買い出しリュックサックにつめて背負い夜半駅の行列に並んで切符を買う．汗と汚れで匂う汽車の中は足の踏み場もない様な混雑である．集った指導保健婦は先ず東京滞在中の食べ物の相談をする．持参した闇米を宿に出し仲間と数日間の請願運動のエネルギー源とした．梅原姉は国保の保健婦と共に夜の人通りのない淋しい道を歩いて行って衛生教育をし，又は日帰りの出来ない遠隔部落に数時間もかかってたどりつき1～2軒の家庭訪問をして民家に泊りながら自分の目でとらえた国保保健婦の献身的な努力をしている事実を国に認めさせることの重要性と，国保保健

婦が国保は苦しい財政であるけれども国が補助することは国保保健婦を認めているのだという自覚と自信をもって働ける様にと希って精一パイ運動を続けた．これは全国の連合会専任指導保健婦の願いであった．その後において活動実績の三分の一国庫補助が成立した時，これからがほんとうに国の財政を動かす力の出しどころだと思った」といっておられた．

（4）国民健康保険組合を市町村公営事業とする原則が成立す

国保組合の事業運営は，医療の相互扶助の立前から国民生活と切り離せない社会状勢をなし国庫補助，国庫負担等改正され，更にはこの事業は市町村の公営とすべきである．という原則案が成立し昭和23年6月に確立したものである．産業会代行国保組合，東北更新会，国民健康保険組合という設置主体の異った保健婦の身分がこれから2年～3年にして殆んど市町村公営の国民健康保険保健婦となった．昭和24年2月の市町村数246，そのうち国保を公営とするところ94，産業界代行組合10，国保事業実施町村42.2％であった．

（5）国保直営診療所と保健活動

無医村無医地区対策として設置された直診施設，およびその診療医と保健婦が相互連けいを図り医療保健サービスの場所としての目的により国庫助成で運営されることとなる．

（6）国保の財政と保険料の徴収

国保財政は公営の制度となったが赤字財政の建て直しのため保険料徴収にもやっ起となって国保職員は総動員で徴収に従事，保健婦もその任に従わざるを得なく，止むを得ず従事した町村もあったという．連合会の梅原姉は国保保健婦の果たす役割を保険者に説明したり，国保の財政事情から，これからの方向づけを保健婦に指導するなど，大変な苦労をされた様である．昭和23年は国保制度確立以来10周年でその間さまざまな経過はあったものの国保組合から崩かい寸前の，或いは崩かいした事業の再建に努力し，公営制度まで支えてきてその推進力となった耕野

村，津谷村，浅水村などを表彰して10周年記念式を行なった．

(7) 国民健康保険の保健婦会を結成

　国保事業の一翼を担う保健施設の特殊性を有する活動を一層活発に推進することを目的として昭和27年11月18日に宮城県国保保健婦会を結成した．県内殆んどの国保保健婦が参加し，活発な意見を交わしながら全員賛成で結成式を挙行し，直ちに議事に進み規約，予算，事業計画を樹てた．国保保健婦活動上の問題はこの組織を通じて改善されたり保健婦講習会や仙南，仙北，中央の三ブロックで研修会，研究会等を行なって向上を図ったのである．

　この会は昭和29年に発展的解散となり国保連絡協議会の保健婦研究部会となった．

(8) 国保保健婦講習会

　国保連合会主催による講習会が昭和29年，消防会館で開催され，就業している国保保健婦の60%（80人）が参加した．講演と研究発表であった．

　（イ）未熟児について（東北大若生助教授）
　（ロ）血圧について　（　〃　板原　〃　）
　（ハ）新薬について　（　〃　中村教授　）

　小児保健指導と慢性疾患の看護指導についての研究発表などであった．

(9) 国保の保健婦数と国庫補助

　昭和30年における国保の保健婦は125人で国保事業実施の市町村は53市町村である．そのうち国庫補助をうけた保健婦数は121人で53市町村である．

　保健婦1人約36,000円，保健婦設置費予算内容により，いくらかの増減があった様であるが総額で4,366,000円となっている．保健婦設置市町村と保健婦数は別紙のとおりで保健婦4人が不明である．

　　石巻市　1人　　　松島町　1人　　　小牛田町　1人
　　古川市　7　　　　泉　町　3　　　　築館町　2

気仙沼	8人	大和町	1人	若柳町	2人
白石市	6	富谷村	1	栗駒町	1
大河原	1	中新田	2	一迫町	1
村田町	2	色麻村	2	鶯沢町	1
槻木町	1	松山町	1	瀬峯町	1
川崎町	1	大郷村	1	金成町	1
角田町	9	鹿島台町	2	志波姫村	2
丸森町	9	岩出山町	2	花山村	2
岩沼町	4	鳴子町	1	迫村	1
名取町	6	田尻町	1	登米町	1
石森町	2	矢本町	3	津山町	1
豊里町	1	鳴瀬町	1	本吉町	1
宝江村	1	河南町	4	唐桑町	2
吉田村	1	桃生町	4	合計	121人
上沼村	2	渡波町	2		
浅水村	1	稲井村	2	国保事業実施町村	53
河北町	3	志津川町	1	国庫補助総額	4,366,000円

(10) 町村合併促進と保健婦主任制

　昭和27年頃から町村合併促進法に基づいた町村合併が活発となり15町村あった伊具郡が丸森町と角田市の2町に合併したことなどと今まで1町村に1人か2人位の保健婦が数人それぞれ寄り合って活動することとなった.

　本庁に集中され或いは，各支所に駐在して在来の活動を単独で行うなどがあり，様々な問題が生じ波紋が広がった．必然的に統括役が要ることを保健婦自身が感ずる様になり講習，研修会合の都度取りあげ検討され，国保連合会理事会でもこの問題が提起検討が加えられた上で逐次その実現に至ったのである．

(11) 国保中央会主催の保健婦研修会

　昭和30年8月東北，北海道の国保保健婦研修会が松島観光ホテルで

3日間にわたり開催された．協議研修をした内容から主なものを掲げる．
A班
　（イ）町村合併後の保健婦活動のあり方，駐在制集中性の利点，欠点
　　　　（配置転換　主任制　身分保障（恩給制度など））討議
　（ロ）合併後の事業計画について
　　　　本庁，支所管かつ地域活動と予算のとり方，保健婦を設置しない合併町村地区対策について．
　（ハ）業務連絡
　　　　特に保健所との連絡では結核患者の連絡，主治医との連絡，役所内関係職域との連絡等である．
B班
　　保健婦活動のための下部組織について
　下部組織とは一つの地域の住民の問題を解決する為に，その地域住民が協力して活動する組織のことであるという公衆衛生上の定義づけをし，その目的と実践への育成方法について住民の最も必要とする問題を取りあげ，それを解決する実際活動をすすめる過程の中で自然につくり出される組織であって型にはまった組織づくりではない．とまとめられた．
C班
　　看護指導について
　（イ）結核患者の住宅，感染性患者，入退院前後の看護一般
　（ロ）慢性疾患特に高血圧者を中心とした看護及び日常生活教育，活動や集団検診のすすめ方などの研究討議が行なわれた．

(12) 国保保健婦を県職員に併任の措置をする

　結核患者訪問指導は，国保保健婦によってなされる事が相当数を占めていたが，県は国保保健婦に県職員に併任辞令を出して結核患者訪問指導報告書の提出を求めるなどの方法を講じたがこの措置は市町村国保理事者の了承を得ないで実施されたところもあって種々問題化するところとなり2年〜3年程で自然失効となったと聞く．

　併任辞令を角田保健所の例で紹介する．
　宮城県角田保健所管内の保健婦業務を嘱託する．5級職をもって待遇

する．

　　昭和29年1月1日
　　　宮　城　県
　　この嘱託辞令は丸森町の例で辞令内容は全保健所同一でない．又結核患者訪問指導の報告書を提出すれば訪問旅費が保健所から支給された．年間約500円程度であった．之が即ち併任措置を意味するものである．

(13) 保健婦の制服，訪問鞄について
　　定例業務研究会で制服訪問鞄を要望する様になって看護協会の斡旋で当時ホームスパンと呼ばれる地で淡えび茶格子のワンピースを希望購入したけれども，活動着として，ぴったりしなかったのか実用されなかった様であった．後で協会の総会時，制服支給の要望意見があり県に要請することとなった．しかしその翌年は既に現在着用しているこげ茶色のツーピースが県の保健婦に対し現物支給が実現されており，国保保健婦だけの問題となったのである．特別会計の国保予算で全面支給は容易な事ではなかったが保険者の理解と保健婦の努力が相まって昭和38年頃から，ちらほらと国保保健婦にも着用が見られる様になったものの多くのところでは，費用の一部個人負担をして居るという実情であった．
　　昭和29年保健婦学生の町村実習がはじまり，福祉事務所毎に関係職員から実習生受け入れの交渉をうけたが，各町村共毎日忙しい活動をしながら実習生を受ける事について可成り負担を感じ，拒否するところが多く連合会でも大へん苦労をした様であった．実習地での設備や活動の内容記録などについて決して満足するものではなかったから，よい実習をさせようとすれば当然進んで受ける自信がないわけである．実習生を迎えた村の保健婦活動では，保健所長の指示で在宅結核患者に週2回のストマイ注射のため訪問し，看護に又家族の感染防止のための生活指導にせっせと活動し，又連日に及ぶ夜間の衛生教育や予防接種や集団検診と家庭訪問に従事する中で，ありのままの学生実習をし，その体験から自からの保健婦像を胸に画きつつ進路選択されることに実習の意味があるものと理解し実習に協力した．年次的に学校の教育実習計画が示され，町村の活動計画と調整しながら実習をさせるために可成り無理をしなけ

ればならなかった様である．ともあれこの実習生が持って行った訪問鞄（茶色ショルダー式）に又，国保保健婦の目が注がれ，今まで自製の手提げ鞄（所により風呂敷包み），あるいは黒レザー長方四角の箱型鞄を自転車の荷台につけ，毎日の様に試験管が破れ，体温計がこわれて苦労していただけにこの鞄にひきつけられたわけである．早速連合会に斡旋依頼をして購入した町村もあった．いいものは積極的に取り入れようとして上司を動かし，保健婦自身がその効果を証明して上司に提示する努力をしなければ容易に理解してもらうことが出来なかったわけである．

(14) 保健活動業務について

　伝染病予防ワクチンによって腸パラチフス，ジフテリヤ，百日咳は殆んど影をひそめたが，飲み水からの赤痢集団発生は登米，仙南をはじめ各地方にみられ，日本脳炎，ワイル病死も散発し，その度に衛生担当者との共同活動がなされて居た．テレビが普及されてる傍らでは万年床の処理が残されるという大崎地方の記録が残されているし，又用水堀の水を利用して居て下痢腸炎多発があり，結核の開放患者が在宅し，家族感染が多く保健所も市町村国保でも結核対策には東奔西走の時期であった．

　死亡統計は年々脳卒中死，癌死の増高を示し，住民も関心を高めており血圧測定の要望が多くなり保健婦による測定，生活指導の場が頻繁となる．寄生虫対策は戦前からの取り組みがすすめられて来ており，昭和26年頃全国で60％であったのが昭和36年に15％に減少し蛔虫0作戦が可能であるととなえて寄生虫予防大会が仙台で行なわれた．しかし宮城県の寄生虫卵は，また28％の陽性であった．しかも風土病の肝ジストマは北上川流域町村に多発しており昭和38年石巻市の行った結果では40％に近い割合で発見されており河北，北上，登米一帯での宿主探索には関係町村や衛生研究関係者の努力があった．40％近く発見された石巻市での保健婦活動では生活調査で川水をどの様に使っているか．川魚を食べているかなどを調べて改善指導をすすめ，又陽性者の健康追求訪問，精密検査へと取り組んだが，検査費，治療費の問題で壁となり，住民代表が市長室に市費助成の陳情などまで進展したけれども，この検便実施について保健婦の取組が軽卒なために事後対策に行きづまりを生じたも

のと指てきを受ける結果となった．それでも強引に処理対策をすすめ，寄生虫予防協会，大学および石巻医師会の指導協力によって．精密検診と治療まで結びつけることが出来たものである．

　精神障害者対策も，おりおりの活動はすすめられていたが，入院治療が優先されており，ある例では17才の女性が生理がない事を気にしてうつ症状となり母親から相談された保健婦が事例の相談相手になろうと種々努力したが全く話し合いにならず仙台のある精神病院に受診，直ちに入院し，送って行った母親が帰って3日後に事例が死亡した連絡をうけ，再び病院に行った時は既に霊安室に移され，死亡時の様子を聞いたがよく解らないまま死体をひきとって来たという例があったり，難聴の主人が暴力行為をするため保健所に相談したら入院させることになり麻酔の注射をし，自動車で送る途中で逃げ出したので役場の係などが患者の家に戻って来たところ患者がケロっとして庭先で畑仕事をしていたという事が報告されている．

　昭和26年2月における保健婦再教育講習会に東北大の石橋教授から精神衛生の講義をうけてから少しずつ精神衛生への考え方を持つようになったけれども本格的に活動として取りあげるようになったのは昭和30年代後半にはじめられた実態調査活動からで，保健所と町村国保保健婦の共同作業で調査訪問を実施し，之に引き続き訪問指導，患者家族会などが昭和39年稲井町で結成された事は，県内でも早い取り組みであった．

　母子対策は既に東北農村における保健活動の第1に置かれてすすめられ，宮城県でも昭和16年から寄生虫，トラコーマと並んで検診，訪問指導，健康相談などを行なっており，季節保育所での幼児指導も出来たが農作業に従事する母親は，母乳が不足であってもどうすることも出来ずに悩みながら，ただあきらめて見過ごしているにすぎなかった．ごはんと漬物，みそ汁で満腹し長時間の重労働にあけくれる母親であったが根気と努力は，母乳分泌を促す力となり，又乳児も母乳に代わるものを直ちにあたえられるわけでもないから全身の力をこめて母乳を吸う努力をした事であろう．

　水飴を造り，豆汁と混ぜ，又はごはんのり（麦と米を半分位ずつのご

はん）を釜ざるでこし取り，砂糖を入れて哺乳壜でのませるのが母乳不足の補いであったから，極めて手数の混むもので容易に人工栄養をする事も見られなかったのである．それでも母子手帳をもらい妊婦検診や乳児検診を受け或いは保健婦訪問で母乳の出方が悪かったり，乳児の発育が悪かったりするのが判ると，砂糖やミルクの特別配給を受けられるので，保健婦はここでも神様のように有難たがられたりしたのである．

　昭和24年頃は，母子愛育会，モデル町村の活動は非常に活発であったが，農村部の母親が部落で集り話し合う機会に恵まれず愛国婦人会から国防婦人会，そして戦後の地域婦人会組織には家庭の主婦（姑）が，殆んどであったために，母親学級の開設によって，若妻の会合を持ち次第に部落においての若妻グループを育成することによって母性衛生から生活改善活動へとグループ活動を推進することとなった．今まで自分の子供さえ祖母に任せきりで農作業に打ちこんでいた若い母親たちがこの様な部落でのグループ員となって疲れたからだにむちうって夜のひとときを家族計画や育児，栄養などに熱心に耳を傾け，目をかがやかせる姿は語りかける保健婦にとってもやり甲斐を感じ，時間外手当なども考えずに夜の更けるまで頑張り，帰りは自転車で鼻唄をうなりながら家路へ急いだ思い出は多くの保健婦が経験した事である．物資不足は次第にかん和され，全国一斉に優良赤ちゃんコンクールに参加するための市町村乳児検診となり，乳業会社，新聞社などの後援によって盛大に表彰式が開催されると，混合栄養，人工栄養児の入賞が多く母乳の良さが見失われる結果を生み次第に人工栄養を奨励したと同じく，年次的に20％以下であった人工栄養が50％を上回る割合を占めることとなった．この事は検診月令や母親の家庭外労働とも関連し町や市での差異は大きいにしても，概して一様に言えるものであり，優良児に育てあげたいという母親の欲望を，正しく教育してやるべき関係者（保健婦も入れて）の反省すべき点であり，母乳の利点を改めて周知を深める教育活動と母親の努力が期待されるようになったのである．

　乳幼児死亡原因は，先天弱質，下痢腸炎，肺炎が出生千人中62人で宮城県は22年頃70人である．その内30％は母性保護の不充分による．

　梅毒，栄養失調，過労が原因しており佝僂病から肺炎になる者，離乳

の遅れから下痢腸炎をおこすものが多い．これは昭和26年再教育講習で母子衛生での説明であった．
　或る村の昭和28年中の活動内容では次の様な結果が残されている．
勤務保健婦1名（34才）

勤務時間総数1,767時間				訪問件数	
訪問時間	960	〃	54.5%	総数延	1,629件
集団検診	112	〃	6.3%	乳児	555
健康相談	278	〃	15.8%	幼児	181
予防接種	58	〃	3.3%	妊婦	114
衛生教育	81	〃	4.6%	結核	71
会議	243	〃	13.8%	伝染病	31
事務	35	〃		その他の伝染病	46
				性病	20
				その他	611

　この実績表を物語るのは，訪問は1件当時間約35分で記録は殆んどなく僅かに乳児の哺育状況について○×式の答を入れ，保健所長に検閲を受けただけでその他は，保健婦の感覚の中に記ろくされていたにすぎない．又22年の乳児死亡率78.5で百日咳，肺炎の死亡が大部分であった事．24年以降母親学級，毎月の乳児検診と事後指導訪問及び妊婦検診指導で母子指導を強化しており28年に14.9に低下した．ジフテリヤ，百日咳も逐次予防接種を実施するに至ったのである．
　環境衛生は，蚊や蠅のいない村づくりなどによって，庭先に積んだ堆肥の処理や，道路に散乱する牛馬糞の掃除，便所のフタの取りつけで便つぼを暗くする運動から次第に生活改良普及員との共同保健活動によって改良便所の改造，雑草や墓地の花立ての腐れ水の除去にいたるまで，衛生係と保健活動の協力を行なう．又赤痢，下痢腸炎多発によって上水道設備の必要性が唱えられる様になった．掘り抜き井戸の天然湧水が勿体なくて，水道の有料水を設備するのをためらい，モーターを取りつけて井戸水を汲みあげ労力緩和につとめ，井戸端に溜まる汚水を流すために土管を埋めて排水を良くし，農繁期の料理時間がなくて，栄養不足を

母子衛生統計参考（全国）

昭和	出生率	乳児死亡率 （出生千対）	新生児死率 （出生千対）	妊産婦死亡率 （出生千対）	死産率 （出生1万対）
22年	34.3 (35.8)	76.7	31.0	16.0	44.2
23年	33.5	61.7	27.2	15.7	50.9
24年	33.0	62.5	26.5	15.9	66.7
25年	28.1 (32.4)	60.1	27.4	16.1	84.9
26年	25.3	57.5	27.5	15.5	92.3
27年	23.4	49.4	25.4	15.5	92.3
28年	21.5	48.9	25.5	16.4	33.8
29年	20.0	44.6	24.1	16.7	95.6
30年	19.4	39.8	22.3	16.0	95.8
31年	18.4	40.6	23.0	15.4	97.1
32年	17.2	40.0	21.6	15.4	101.2
33年	18.0	34.5	19.5	13.9	100.6
34年	17.5	33.7	18.6	13.2	100.5
35年	17.2	30.7	17.1	11.7	101.7

同村の母子統計の一部

年次	人口	死亡	出生	乳児死亡 （出生千対）	
22年	9,816人	63人	219	17人	77.6
23年	9,840	63	319	21	65.8
24年	同年12月4,967人 （9月一部分村し市に 合併）	43	1月〜9月ま で元の村で 239	13	54.4
25年	4,996	42	141	8	56.7
26年	4,981	32	133	9	67.6
27年	5,038	27	127	5	39.4
28年	5,017		134	2	14.9

来たさない様にと保健所の栄養士と協力して保存食のつくり方を講習し，又3日～5日間にわたる農繁期食事の実態調査訪問には若妻の積極的活動と協力を受けるなどの活動があり，農業改良普及員を招いて計画栽培の講習を開きその実践指導をうけて農村民の栄養改善を図り，若夫婦の寝室とされていた納戸を開放して，採光換気を教え，万年床の廃止，布団乾し，えじこ入れの育児から自由運動と清潔なオムツ，衣類へと指導活動は生活すべてに及び農家の家族すべての人と保健婦の結びつきが深く密着したのである．

昭和30年から40年にかけて

(1) 保健婦の給費養成

宮城県国保団体連合会は，国保保健婦絶対数不足の対策として，保健婦学校在学1年間を1ヵ月当3千円を貸与して養成し，卒業後2年間市町村国保に勤務すれば，その返済を免除するという給費制度を昭和32年度から実施した．

(2) 厚生省及国保中央会主催による国保保健婦講習会

昭和34年第1回講習会は，新宿区戸山町病院管理研究所で開催され本県から，名取市の荒千代，中田町の石川ひでみの二姉が出席した．この講習の際にも，町村合併と主任制の問題，訪問手当の要請，制服の貸与の要望や保健所保健婦と国保保健婦の業務の連けい等が討論されたそうである．それから現在まで社会保険大学での全国国保保健婦講習会として毎年開催されて県内多数の市町から参加している．

(3) 国民健康保険の県民皆保険達成記念式

昭和35年4月1日県内すべての町村に国民健康保険事業を開始したことを記念して式典を行なった．国保法創設以来全面開始を目標として，毎年促進大会や月間事業を開いて来て，ようやくその目標を達成したよろこびを，式典時のあいさつの言葉から紹介する．

「社会文化が進展し，生活様式が高度になるにつれて，個人生活の態

様は好むと好まざるとにかかわらず大きな社会機構の中に融合することを求められ必然的に社会情勢に左右されることから個人保障の価値は減少し，ここにおいて連帯責任による保障即ち社会保障という思想が蜂起してきた．この時代の要求による医療保障の前提として国民健康保険要綱が生まれ国においては5ヵ年計画をもってその普及を図るため新国保法の誕生をみたが，本県は永年にゝる県民の願望と努力により国の施策を上回ること1年余にして全国第11番目に全県普及の偉業を達した．ここまで来た道は決して平坦でなく呻吟痛苦の道であり，今後もこの難苦の道は続くであろうけれども今日の慶賀を通じて明日への発展を期するという意味からこの式典を挙行するという趣旨である.」

これまで国保の趣旨追求，事業の推進にたゆまぬ努力と協力を尽された人々への感謝とねぎらいがあり，又国保と共に永年歩み続けている保健婦の中から思い出の数々を綴った作文が寄せられており別紙面で紹介する．

(4) 市町村国保特別委員会

昭和32年に看護協会に設けられ，国保は将来特保険になればすべて市町村直営となるので特に国保とうたわず市町村特別委員会として，国保施設事業における保健婦活動上の様々な問題に対応し協会として，その改善に取り組むための施策であった．

この委員会では国保保健婦の実態調査などを行なって，国保保健婦を町村が採用する場合の参考資料（例えば（処遇改善など）とし理事者に指示し，或いは地域活動推進上での参考に役立たせるなどの活動をしたのである．

昭和34年9月11日午後6時30分から京都市立北保健所で開かれた市町村（国保）保健婦のつどい記録から当時の永野保健婦会長あいさつの一部で「今は国保保健婦の問題が一番大きい．即ち業務の問題もあるが，保健婦の身分，待遇に関して私達が働かねばならぬ問題がある．このことは，大蔵省の主計官や主査と会い大いに話したところが"こんなに"と思う程よく知っていたとのことである．この様な問題を解決してゆくために今まで何度も陳情をくり返しても仲々解決出来ないので自分達の

代表を国会に送ろうという事がきっかけで林会長の選出の原因となった．国保と保健所の待遇を同列にして，よりよい連けいと医療を結びついた働きをすることが必要と思う」という要旨があった．

(5) 支部代表保健婦打合会
　国保連合会は，地方事務所管内市町村を一支部とした国保保健婦の代表者による連絡打合会を開催して事業の連絡や問題事項の協議をし指導と円滑な連けいを図ったが，昭和33年6月の代表者会議の内容の一部を掲げてみる．
出席者　　県側，保険課本間主事
連合会側　梅原保健婦，事務局長以下4名
支部代表　大槻はつよ（刈田），遠藤まつ（柴田），橘よし（伊具），橘内ゆき（亘名），佐藤さと子（宮黒），高橋サダ子（遠田），大森あさを（大崎），齋藤きみの（栗原），石川ひでみ（登米），今野勝子（桃牡），遠藤ふくみ（本吉）

打合会内容
　① 連合会の保健施設に関する行事予定，打合会，研修会，講習会について
　② 支部単位の保健婦研究会の運営について
　③ 保健施設運営上の問題として
　　（イ）保健婦の主任制
　　（ロ）保健施設の目標とするもの
　　（ハ）保健婦業務の範囲（衛生係との調整，保健所との連絡，医療介補の限界）
　④保健施設と直診の連携の仕方
　⑤ 訪問記録様式について
代表保健婦から提出した事項
　① 国保保健婦定例研究会の強化充実について
　② 保健指導と日赤との連絡
　③ 指導機関の連けい（連合会，保健所）

④　保健婦の併任（衛生部嘱託）と現況について
　　⑤　連合会を主体とした保健指導再教育
　　⑥　連合会広報活動に関して（国保保健婦のPR）
　　⑦　支部職員との合同会議について
　　⑧　保健婦研究会の事業について
　当時の国保保健婦活動に対する理解を深めていくためには切実な内容について討議をしている．
　町村合併は，保健婦の合併活動の問題に波及し，公衆衛生行政事業は地域性に応じた国保施設事業との間における保健婦業務での調整上の問題を生じるなど刻々変容する周囲の情勢と状況に応じ，保健婦とその活動に及ぼされる問題が直ちに代表者会議の協議題となった．

(6) 共同保健計画について
　昭和35年5月に厚生省二局長四課長通牒により公衆衛生行政と国保施設との関係における保健婦活動のあり方が示された．「新しい保健婦活動の方向…国保保健婦必携」によれば保健所に高度の設備を整え，市町村国保保健婦活動を援助する様な方向づけがなされている．
　ここで昭和34年10月号宮城の国保に掲載されている．「保健施設拡充に対する一考察」として載った一部を紹介する．（要旨一部）
　保健婦が保健施設の中核として重要であることは多言を要しない．増員については各保険者が心を配っているけれども厚生省基準の市部人口3千人に一人，郡部2千人に一人の割合にはまだまだ遠い．その解決策は皆無である．この現況から勘案して対策案を提起する．
　（イ）「保健所勤務保健婦を保険者勤務とする」
　　　　国保保健婦の数の少ない当時は，直接保健所保健婦が出勤していた．今は第一線機関は町村に移った感がある．クリニック等で発見された要指導ケースが保健所から町村に依頼され，国保保健婦が訪問指導している現況だから現在119名の保健所保健婦から婦長16名以外の103名を国保に所属変更し活動の一体化を図ったらよいのではないか．
　（ロ）「保健婦本来の業務に専念する方策を樹立する」

保健婦勤務状況によると34年1月で総勤務の9.63%が業務以外の事務となっている．又或る地方の33年上半期で24.8%が業務以外の事務である．これを平均給与年額に置換え，事務補助員5千円の人を使うと8ヵ月半も使える．保健婦を業務以外の事務に当らせることの不経済であることをとなえて保健所とのかかわり合いや業務内容からみた国保保健婦の充足対策と経済面からの考察を提示されている．

　35年9月国保中央会と東北地方国保協議会及び国保団体連合会共催で国保施設強化拡充研究協議会が岩手県で開催され，公衆衛生事業との調整において保健施設事業推進するための諸問題について討議した．その後塩釜市が塩釜保健所と共同で実施した浦戸島保健対策について，小島武雄所長から発表された．又栃木県足利市の共同保健計画と実践について，協会講習会の折説明を受け非常な感銘をうけたので，誰もが我が職場でもと意気込んで帰ったのである．宮城県でも熱意のある町村で環境的見地から栗原郡志波姫町，石巻管内の河南町，仙台地方で大衡村などをモデルケースとして選定しその推進を図っている事が国保課から発表された．

　二局長四課長通牒は，市町村の特殊性に応じ，市町村が主体となって保健事業を行なうもので，保健所はその実践について援助協力をするものであることを強調している．

(7) 県の機構改革と指導保健婦

　昭和35年11月1日宮城県行政機構の改革がなされたが，この時国民健康保険課が設置されてその中に国民健康保険における保健施設部門を担当する保健婦の設置がはじめて実現した．

　昭和20年4月より宮城県国民健康保険団体連合会において県内国保組合時代の保健婦活動から，国保事業崩かいの危機を経て，市町村公営，国保となり産業会代行国保との連繋を図り，又公衆衛生行政事業との調整など，国保保健婦の指導一切を一手に引きうけて東奔西走の活躍をなされた梅原ひさ専任指導員は，国保連合会の中でも保健婦の指導部門から手を抜くことになった．

梅原姉の事については，その当時の国保施設に従事した保健婦ならば，誰もが何等かの助言，指導を受けられた事であろう．梅原姉は昭和18年に国保連合会が高砂村を保健施設活動のモデル地区として設定，そこで国保施設活動を実践，昭和20年4月から連合会において県内国保組合に勤務する保健婦の相談指導に当った．
　国保事業実施町村のすべてに訪問して，国保施設における保健婦業務のあり方を理事者に解き，或いは山間へき地の保健婦に協力して家庭訪問，衛生教育に参加し，それらの数多い体験と住民の実態に接した感覚をもって，国保の理事者を動かすなど，実際活動を通じて国保保健婦を支援した．
　崩かいしかけた国保事業の再建と，保健婦に対する国庫補助を獲得するために，全国の仲間と共に陳情運動に，大変な苦労をなされたことは既述のとおりで，そのほか日常の活動で業務全般，技術面では勿論，職場での同僚間や上司との間での問題，個人的には結婚問題，家庭内の事，退職後の身上相談に至る諸々の面で親身の相談役となり温かい包容と深い恩情で接しられたが一面にはきびしい批判をしながら鼓舞激励した方である．

(8) 保健婦業務の測定と効果判定
　特に国保施設での保健婦活動には，国から要求されて行なう公衆衛生行政とは別で地域性に応じてニードの高いものへの対応活動であり，如何程の要求に対し，実施した事がどう効を奏したかを数字で判定することは難かしく，又そうした原点に立ち戻って自分からやりはじめることは不可能と考えていた時に橋本道夫先生を迎えての講義があり，10数年の足跡を数字評価することの出来なかった事に気付いた次第である．実際には昭和33年頃から町村国保保健婦の業務測定がはじめられた様である．勿論町村で異るかもしれない．
　合併した町村の保健婦が一つの市，町の保健施設活動の計画を樹てるについては，主任制や婦長制もない中で話し合いをし，相互理解と尊重によって協力するには，担当保健婦1人1人の並々ならない努力が払われたことであろう．

(9) 東北国保保健婦研究会

昭和36年山形市で開催の研究発表の後，協議した事項の中から提案例を紹介する．
① 市町村国保保健婦の増員確保について
② 主任制の確立について
③ 保健所と国保の業務調整上の問題点，地域性と公衆衛生行政における活動
国保の被保険者と一般住民対活動のあり方
④ 保健婦の集中管理について
⑤ 国保組合当時の勤務期間を恩給組合加算について
⑥ 保健婦専任指導員の設置状況，特殊勤務手当，県費助成について
⑦ 保健婦を国保法の82条に「設置しなければならない」と改正案及び国庫補助を実給与の2分の1に増率を要請，等が主な協議事項であった．

(10) 諸検診に伴う保健婦業務の拡大

保健婦の増員計画がはかどらない状態の中で3才児健診，老人検診，胃腸病婦人科検診等の事業がすすめられて，従来の業務に一層の上積みとなって来たことなどから保健婦業務の整理，他職種との連けいについて検討される様になった．保健婦の基本的立場が無視される事もあり，又保健婦自からも判断をあやまる事もあって，混乱を生ずる様になった．保健婦活動に対する基本的認識の確立に向かい問題を究明し，将来望ましい保健所活動と地区保健活動を設定して，その場における保健婦活動のあり方を検討するため，保健所長会が各方面の立場の保健婦を交えて，保健婦業務に関する特別委員会を設けて研究会を開いたという．

国民健康保険の保険者は，医療技術者でないため，国保保健婦活動はその地方の医師会（直診のある町村は直診医）の協力と保健婦業務に対して深い認識を得てこそはじめて住民の保健行政がうまく出来るのである．という指導は度度行なわれた．保険者の積極的な市町村程保健婦の活動意欲の高いことも事実である．包括医療が保健向上への共通の道で

あっても，その従事者のすべてが，一貫した連けいを保つ共通の道は，その従事者一人一人の責任と関係者間の信頼と尊重と相互理解によって開拓し築くべき道である．

昭和40年代

（1）国保施設活動と公衆衛生行政

　農山村での保健婦活動は，そこの住民生活の実状から求められる切実な健康問題に対応するためのものが殆んどで村の保健衛生事業のすべてといって過言でなかった．

　昭和30年代後半から町村合併，広域行政，工業港建設，工場誘致などの総合開発計画がすすむにおよび，多くの労働人口が工業団地周辺に集中する様になり急速な社会構造の変動が現われるに至った．国保の被保険者加入状況も地域差を生じ且つその低減を示しはじめた．国保の医療費は増高するのみで，会議や講習会における主催者側のあいさつには国保財政の赤字が黒字から始まり健全財政の確立指導が第一に打ち出される．そのたびに保健婦活動が医療費軽減に結びつく様にと切望されている様な責任を問われる思いで聞くのであった．一方公衆衛生事業も年々複雑さを増し，従来の結核，母子，伝染病はもちろん精神衛生，慢性，成人病にと広範に亘り公衆衛生的業務の取り扱いが及ぶに至った．市町村の一般衛生事業を支え，なおかつ地域性に見合う特性を生かした活動をすべき国保保健婦としてたとえ共同保健活動が強くすすめられたとしても，二足ワラジの重さを感じないでは居られなかった．

（2）身分の一本化について

　国保保健婦業務が一般衛生事業と関連の深いものだけに「保健婦の所属は，国保でなく一般衛生に変えるべきである」という声が国保保健婦の仲間から発言される様になった．

　どこの市町村でも衛生事業が複雑広範に及んでも従事職員は充分でないため看護婦を設置しない所も多いので技術面の整備も進まず，保健婦が所属する事によってこれ幸いとその面での期待に応じなければならず，

国保の地域の特色ある本来の活動も容易でない事を考えて所属を変える事に反対する者も少なくなかった．また，市町村の財政等によって給料の格差が大きく，殊に保健所保健婦とのひらきが大巾であったために同じ保健婦業務，いや，それ以上に活動していながら給料が安いことを不満とし，更に業務も不明確，かつ身分不安定などのためか「保健婦の身分を一本化すべきである」という意見もちらほら出されて来た．

　昭和24年国保事業公営化が成立したその時から国保法に保健婦設置の明文化を要請し続けて来たにもかかわらず，未だに実現しない．保健所の設備機能も基幹保健所構想の一部実施などで改善されず，国，県の衛生事業が市町村自治体責任として移譲するなどによって，国保保健婦は悪い設置条件の身分にありながら，これら重要な国，県，市町村衛生事業での役割も肩代わりに担い，その仕事にほこりを持って果たしてきたといえるのである．身分一本化については，なお検討すべき問題は残されている様であるが住民の健康保持への悪条件が刻々と迫って来ている現実をこの目で見たり肌に感じながら，それに対処出来るように時世に即した保健婦の設置条件の改善がなされることを切望しているのである．

(3) 婦人労働と出稼ぎ

　零細農家での農業経営は大変困難となりはじめた．高額な農業機械が経営規模の如何を問わずに作業の能率を高めて労働を緩和しようと導入され，機械代金は農協からの借金となった．その返済のためには現金収入を求めて出稼ぎすることととなり婦人，老人に農業労働がしわよせされるところとなった．

　農業労働近代化のあおりは三ちゃん農業となったわけである．慣れない農機具操作による怪我や農夫症的諸症状の訴えが高まったという．この様な農村地帯にも中小企業工場が進出して主婦の日雇い労働も多くなり母子の健康保持指導の重要性をとらえて，国保の新任保健婦研修会に実態の説明をされた村田町の大沼雄子さんの資料に対して深い興味を示して多くの質問が出されたのである．農村の労働と経済と健康との関連性を現実の問題として感じとられた様である．

(4) 国保保健施設活動と地区の協力組織

　地域変動が著しくなり住民生活の実態把握が次第にむずかしく，ましてや転々と住居地を変える若い核家族の妊婦指導などは，国保保健婦の増員も思うようにはかどらない中では，地域的な保健事業推進のリーダーが必要となり，多くの市町村がその育成をする様になった．保健委員会を構成して町の保健衛生事業の計画実施に参加協力するなど積極的な住民側の取り組みがなされる様になり，特に三本木町や，漁業の町雄勝町の保健補導員活動は，他町より極めて先進的な活動ぶりとして紹介され，他町補導員会との交流会，交歓会が行なわれることも多かった様である．

　これらの地区における保健補導員活動は，栄養改善，母子保健推進における地区民への啓蒙をはじめ時には独居老人を見舞い，話し相手となり，あるいは様々な保健相談事例の連絡や衛生教育の開催などと広範囲にわたって住民と保健婦のパイプ役を果たし，家事，育児にはげみながら半ば奉仕的な活動にすすんで従事しているのである．

(5) 臨床看護実習

　住民の生活は著しく文化発展し，健康に対する関心も高まり，医療需要は近代化したものへと要求することとなって臨床看護と地域看護の一貫性が必要になった．旧制度による保健婦は度々再教育によって技術錬磨と円熟した人間性をもって地域看護に当る努力をして来たのであるが，更に近代化した医療施設において臨床看護実習をすることに希望をもって県と連合会の計画に参加したのであるが実習をひきうけて協力された公立の9施設ともはじめての事でもあって期待した程の実習は出来なかったという．しかしこれが足がかりとなって専門病院での実習をする事が出来る様になった．この臨床実習を行なうについては県国保課の川上指導保健婦や国保連合会の努力と医療施設側の深い理解があったからこそ実現したといえる．

(臨床実習に協力を得た医療施設と実習した保健婦の数で46年から50年まで施設は同じである．)

年別	実習保健婦数	医療施設
昭和40年	91人	市立病院（仙台，古川） 公立病院（佐沼，刈田，気仙沼，涌谷） 国保病院（若柳，大河原，栗駒） 日赤病院（石巻）
41年	32人	公立病院（刈田，気仙沼） 市立病院（古川） 日赤病院（石巻） 健康保険（宮城第1病院）
42年	46人	リハビリテーション（県立拓杏園） 母子保健　県立拓桃園 　　　　　東北公済病院 精神衛生（県立名取病院）
43年	46人	リハビリテーション（拓杏園） 母子保健（東北公済病院） 結核（国立宮城療養所）
44年	35人	リハビリテーション（拓杏園） （東北大鳴子分院） 母子保健（東北公済病院） 精神衛生（名取病院）
45年	43人	リハビリテーション（拓杏園） （東北大鳴子分院） 母子保健（東北公済病院）
46年		リハビリテーション　拓杏園 母子保健　　　　　　東北公済病院 精神衛生　　　　　　名取病院

（6）精神衛生活動

　宮城県の保健婦活動における精神衛生への取り組みは，昭和38年頃からである．特に石巻保健所管内の各町村が昭和40年前後において実際訪問によって実態の一部を把握した．如何なる障害者であれ人間の基

本的権利を認め尊重するという理念において，親をはじめ家族，一般社会に対し理解を深め，患者の生活権確立への支援の中で保健の役割を保健婦として果たさなければならないという見地から，患者のおかれている状態，家族の悩み，保健婦がその患者と家族にどの様な接し方が必要かなどを学びとるために行なった調査である．

国立公衆衛生院衛生看護学部が，「地域保健活動における精神衛生業務の技術開発に関する研究」を実施するについて協力した石巻保健所管内町村での実態が，昭和43年度に全国8保健所の報告をまとめておりその資料によると石巻保健所管内814名中，その把握契機は国保レセプト26.8％（218人），29.1％（137人）は訪問，福祉主事より連絡8.4％（68人），家族から連絡6.0％（49人），その他は医師連絡，保健所相談は0.7％（6人）であった．

これは管内市町村国保保健婦と石巻保健所とが共同活動により行なったものである．そのほか涌谷保健所での精神衛生相談は町村国保保健婦の積極的な活動で相当の利用者もあり，専門医を中心に保健婦の現場研修の機会となり，あるいはケース会議等を通じて知識技術の向上もはかられたという．その後44年45年の田尻町で実践した地域精神衛生活動の経過が報告されている．

石巻地方のその後の国保保健婦活動は保健補導員を対象に映画「その鍵をはずせ」「もう一人の私」を映写してそれを中心に話し合ったり，精神科医の講演会を開くなどして一般住民への理解啓もうにつとめた．稲井町では患者家族によびかけて家族会を組織育成（昭和39年）するなど県内に先がけて目を開いたのである．

保健婦自身も，精神病の理解も浅く保健指導業務をどの様に展開するかについて，管内業務研究会においてロールプレイングを取り入れたり看護計画のすすめ方を事例研究するなど継続研究をした．さらに看護研究グループは，関係図書の抄読会や精神衛生活動の先進地である群馬県における生活臨床の実際を臨地実習し，訪問指導や面接相談を学び地区活動での実践に積極的に活用してきたのである．

最近の報告では山元町が，昭和45年に障害者家族会を結成し，職安と保健婦の話し合いをし48年に町内での職場開拓を目ざした話し合い

を職安,職主,家族と共に持ってからその後町内での就職者が増えた例があげられ,このほか在宅患者会で旅行会,手芸,料理,山のぼりなどの行事を介して相互に励まし合い自分から仕事を探す様になり町内の協力者も出て来たとのことである.

　昭和30年頃ある17才のまじめな女性が,裁縫学校に通っていたのが突然無断で休み,朝起きもしないで10日も寝込んで食事もしないという相談があり訪問すると,母親の問いかけに一切答えなかった.たまたま生理の事を保健婦が聞いたらはじめて「ない」という.裁縫仲間の娘達とは"みんなあるのに自分はない"ということをひどく気にしていた様だというのである.生理の話（初潮のこと）をしながら個人差がある事と婦人科医の診断をうけて安心する事などを話したが全く受け入れなかった.だんだん日が経って拒食が続くと母も気をもんで,ある精神病院に受診させたところ入院をすすめられ,そのまま入院させた.2日程経って下着類を持って行ったが面会することが出来なかった.数日後"急死した"という連絡によって病院に行ったところもう既に死亡して霊安室に納められていた.その母親は,その頃夫が急死して間もない頃の出来事であったから何が何やら全くはなすことも出来ず病院に問い合わせようにも戸惑いついついそのまま時期を失したという例があった.保健婦は,その時何をすればよかったのがわからなかったが10年後に至り訪問指導の拙劣さに後悔した経験がある.又夫が難聴者でよく話し合いが出来なかった若妻（婦）から夜寝ていると出刃包丁を枕元に置きながら妻を罵るという相談があって,妻に対して夫への理解を持たせようとしても,目的が達せられず親戚の者のはからいで衛生係と保健所が自動車でその事例を仙台の精神病院に連行途中,尿意を訴えるのでドアをあけて降車させたところ排尿が終わるや忽ち,下駄を両手に持って田圃の畦道を走り出し自宅まで逃げ帰ったという例など,入院がすべてを解決するものと考えていた時代はつい近年までの事である.

　精薄児は格子窓のある土蔵に入れられ排泄の始末もされず会話どころかだまってオニギリを置いてやると「どうしてたべるかわからないが無くなっているからたべたのだろう」という家族も多かった様である.

　精神障害者を持つ家族は長い間には,とかく患者を家族から離してい

ろいろな面での負担から逃れたい気持ちになる共通の悩みを語り，お互いが励まし合える仲間として家族会の持つ意義も大きくその育成には保健婦の果たす面も少なくないのである．

(7) へき地医療について
　全国総合開発計画にもとづく事業がすすむにともなって，都市化する地域と過疎化する地域がますますその格差を生じてきた．
　特に離島や農漁業によって生活する地域では交通条件は改善されず，医師不在の診療所も現われ，働き盛りの若者は工業都市化する地域に流出するために老令者が働き生活を維持しなければならず，健康上の不安を覚えながらも無理な労働に従事する姿が多く見られる様になった．家庭訪問によって健康生活についての指導助言は出来ても，病気の早期治療が困難でついつい重くなってしまう様になるのである．
　昭和44年県と県医師会は地域医療対策協議会を設け各地方医師会も保健所や市町村と提携して，この会を設けて種々協議して来たが，特に無医地区検診を強化するために昭和45年に巡回検診車「やすらぎ号」を設備して運行させへき地住民の疾病の発見と治療を推める対策がなされるに至った．
　高水準の機能を備えた検診車「やすらぎ号」によって医療機関に恵まれないへき地住民の検診がすすめられ疾病異常が発見されたけれども，その後における医療面では一貫性を欠くやに聞かされた．老人の医療費は無料化されたがなじめない乗物，高い交通費負担のためについつい早期受診や継続外来治療をはばんでしまうというのが現実の様である．

(8) 主任保健婦の研修
　市町村合併により複数以上の保健婦が同一市町国保に勤務する事になると業務の調整や統括の役を受け持つ者が必要となり主任や係長，婦長などという名称で任じられたが，事務能力に欠けている点では否めない事実である．したがってその役割を果たすに必要な勉強もしなければならず，日頃は自からの研さんをし，更に関係機関の指導も受けなければならなかった．

昭和45年，46年には監督者研修が開かれ3人以上の同僚の居る市，町の主任保健婦が参加した．けれども常に保健婦業務の実践を通じて住民福祉に向けての行政サービスが出来る様に運ぶ事が主な役割であるので，研修の内容はもっともっと広く深いものでありたいと希望されるのである．そして常時反省と研究が必要であると思う．地域規模が大きく保健婦の充足が低い市町村では，主任者といえども地区を持たなければならないところもある．"主任者は地区担当をしないで専念するのがよい"という人々も多く市町村それぞれ主任者の業務のあり方は異っている．しかし主任者といえども地域環境や住民生活の実態は，常に変動し続けており統計などの数的評価のみではすまされない現実を主任者自からが日常業務を続ける中で触れていなければスタッフとの共通意識は保たれない場合もあり得るので，可能な範囲で地区保健活動を実践しながら本来の主任業務を果たしてゆける技術と能力を身につけられることが必要であると考えられるのである．

(9) 国保保健婦活動に対する県費補助
　国や県の施策で行なう公衆衛生事業の場面で国保保健婦が負っている業務も少なくない．たとえば結核患者，精神障害者，未熟児の訪問などの様に，市町村では保健所保健婦より地域に在ってその任を果たす機会に触れているのである．
　独立予算で運営している町村国保が多かったから医療費の増高や赤字財政で苦しんでいることを聞かされると保健婦としても何となく心が痛み，少しでも財政にプラスになる様であればいいと思い，保健婦の活動内容から見て県費補助をすべきでないかという要望を出して来たのである．それが昭和45年に至ってようやく国保保健婦1人当り5千円ではあったが県から助成される事になった．現在1万円の額であるが「保健婦活動に対する助成がある」ということは，国保保健婦設置あるいはその活動推進への資金投入で意義深いものと理解しておきたいものである．

(10) 国保保健婦の国庫補助要綱変る
　国保保健婦の設置実人数に対して（基準単価）その3分の1を補助す

る事が昭和21年に認められて以来活動の実績により補助交付をうけて居たが，昭和47年に至り，市町村の類型と国保被保険者数に応じて，国庫補助を受ける保健婦の数が決められる事となった．このことにより国保財政が，医療給付の内容充実にともない一層難色が濃くなる折であるだけに，大きな打げきとなった保険者も少なくない．

　補助の対象から外れる保健婦数を設置している市町村保険者では，一般会計からの繰り入れ増額がなされたところもあるが，保健婦を国保から一般衛生に配置換えをしたところもあったときく．

　保健婦の補助基準単価は，保健所のそれよりははるかに低い額できめられていたものが48年から3年計画で保健所と国保の保健婦の単価を同額とするということになったのである．今までどうして国保保健婦の補助基準単価が低額となっていたかについてはよくわからない．地域保健の担い手である国保保健婦を増員して激変する社会環境での健康阻害問題に対応しようとする要求が高まってきているにもかかわらずこの様な補助になっては，保健婦の増員がはばまれる事になるので今回の補助要綱を元に戻してもらいたいという撤回の要望意見が出されたが，国保保健婦とはいうものの一般住民を対象に活動をしている現実から仲々容易ではなく，むしろ一般衛生事業との関連において解決すべく検討しなければならない問題となっている．

(11) 成人病対策すすむ

　宮城県は全国に先んじて対癌協会の検診体制が整い多くの市町村が検診費を助成しながら癌対策ととりくみはじめた．それに伴い早朝から数日間の検診業務に保健婦が参画することとなった．それらの事業に参画する保健婦の果す役割にはそれぞれ有目的なものながら保健婦の充足されない状況でしかも広範な業務と地域保健の要望が高くなる時に，国保保健婦の業務のあり方が問われ，また反省させられる様になった．また脳卒中患者やねたきり老人に対する家庭看護指導を実際に行なう例は少なかったのである．これについては昭和42年から拓杏園でリハビリテーションの臨床実習を受ける様になってから徐々に訪問活動の中で実践されはじめた．

なかでも亘理郡山元町が拓杏園の協力援助で機能訓練用具を設備し，在宅障害者を集めて，今田先生の指導によって機能回復訓練を開始したが町及び矢吹保健婦の積極的な努力は，地域住民に対して理解と認識を深めながら在宅患者の訓練効果を高めたものであった．機能訓練を必要とする患者が必要な時期に，誰でもどこの内科開業医でも指示される様になれば後遺症患者は今よりも救われる事であろうと思う．老人人口は年々構成率を高めるに至って，すべての家庭に公衆衛生看護業務が要求されることが考えられ保健婦業務の整理改善が望まれる時でもある．

(12) こどものむし歯対策について

　3才児検診が昭和36年に実施される事になってから歯科検診も行なわれたのであるが，3才児にして既に90％を超えるむし歯罹患状況が今日も続いている．3才児の発達状況の観察，問診の重要性を考えた場合に検診に従事する保健婦数，時間など児1人にどれだけの時間をかけられるかによっても可成り問題のとらえ方も異って来るので，石巻市の場合は慎重を期し，仲々検診を実施出来なかったが，とにかくやってみた上で徐々に改善するということで不安ながらも開始したのが県内最後で昭和47年である．そしてあれよあれよと思いつつむし歯感染の増大を見送って来た次第である．子どもの歯科治療が如何に困難かについては誰よりも歯科医が訴えているところであることを保健婦は，母親達に教えるにはあまりにも消極的であったと思われる．

　甘味食品，乳酸飲料などがこどもの目をひきつけながら氾らんしている今日，子どものむし歯予防のためには，母親の勇気と根気と真の愛情で，砂糖づけにしない育児のすすめに積極的な保健指導が伴っていなかったのである．牡鹿町の安住保健婦は46年頃からこの問題に意を注ぎ大学歯学部や歯学衛生士学生などの応援を得て学童の歯みがき運動やお母さん教育を行ない，又関係資料を整えるなどして早期予防対策をすすめて来たという．へき地である故に歯科診療の困難をひとしお切実に覚えている故に他町に先んじた対策を進められたのである．

　国保の診療報酬請求明細書による疾病統計でも消化器系疾患の中の歯科疾患は上位を占めており，保健指導対策が必要であることを保健婦自

から理解して居ながら小児歯科保健指導対策さえも実施出来なかったことを国保保健婦として今更のように反省させられた次第である。

(13) 心身障害児問題とのかかわりについて

　精神薄弱，脳性小児麻痺からてんかん，自閉症，肢体不自由児など障害の比較的固定した状態で施設入所とか訓練を考えて居たのは母親だけでない。保健婦も早くて分娩時障害が比較的早期把握といえたものであるし，施設への入所期待が極めて大きかったわけだが，まんべんなく家庭に入って相談にのっている町村の保健婦程障害児を持つ親達や児童福祉関係とのかかわりあいが深く，在宅障害児の療育から就学まで関連している。南郷町の岡嶋姉はしばらく前からこうした関連の中で障害児への支援活動をしているといわれるが，殊に就学に関する判別委員会まで参加している国保保健婦はあまり居ない様である。また，それ程国保保健婦は障害児支援活動がなされていないともいえる。

　全国心身障害児福祉財団が主催する療育指導者研修会において，甘楽先生は妊娠，分娩，新生児，乳児期に早期発見指導が出来るのは，保健婦である。そして将来障害児保健学というものは保健婦による指導活動を実践する中で作られるものであるともいわれている。

　宮城県では，障害児を持つ親の会と関連して活動している国保保健婦も極めて少なく，また児童福祉関係者さえも市町村国保に保健婦が居て住民の末端活動をしている事が知らなかったといわれた程である。

　何等かの障害が発達を障害し，健康を障害するのを専門的に援助するといっても保健婦はその仲間の1人となって障害児の発達を支援する仲間作りが必然的に求められてゆく事であろうと思われるが何といっても超早期発見である。妊娠届出，母子手帳交付，新生児訪問の重要性を新たな角度と視点で検討し，事務屋の仕事だとか，助産婦の仕事だといって国保保健婦が遠ざかってはいられない現実問題である。ここで早期にチェックし，母親と保健婦が一緒に納得する発達の観察をする中で発達を支援する手段を施しながら理論づけてゆく保健婦が障害児保健学を作るのだろうと思うのである。これが宮城県の保健婦によって宮城県の障害児保健の確立に近づけてゆく足がかりを築かれたなら幸いな事である。

(14) 保健婦問題対策委員会およびこれからの保健婦とその活動

　昭和36年に日本看護協会保健婦会に"市町村国保特別委員会"が設けられ本県支部でもその委員会を発足し6人のメンバーで活動をした．

　国保保健婦の身分の問題，再教育による質の向上，国保保健婦業務のあり方など現場保健婦から提起された様々な問題について検討をしたり本部集会の話し合いに参加するなどによって，ともすれば公衆衛生行政と国民健康保険法と医療制度及び市町村自治体という周囲と切りはなすことの出来ないかかわり合いの中で目の回る様な業務から，将来安心してじっくりと地域に根ざして住民の保健福祉にサービスを行なえる国保保健婦の位置づけと業務の確立を図ろうと努力したわけである．

　この問題は保健婦自身の問題として解決してゆかなければならない重要な問題であり，且つ国保以外に勤務する保健婦（概して保健所保健婦をいう）との関係なくして解決出来ない問題でもあるため，昭和38年に保健婦問題対策委員会と改めて検討を深めることとなったである．本県では市町村国保特別委員会が解消もせず，又改正もしないまま中断状態となり役員会の中で本部委員会と連けいした様である．

　昭和45年3月に日本看護協会保健婦会が出した討議資料からその動向をさぐるために一部抜すいしながら参考に供したい．

　39年度は，前年秋横浜の公衆衛生学会のシンポジウム「保健所は地区のニードに如何に応えるか」をきき，夜の自由集会で「公衆衛生看護活動の将来」というテーマを出し，討議して頂いた．そのことをまとめるために委員会を重ねていたところ数年にわたってくすぶり続けていた看護制度の問題が表向きに論議される様になり委員会にも関係深いことなので成りゆきを見定めようと思った．又2～3年前から噂されていた母子衛生事業の市町村移管が具体化の方向動き，更にライシャワー事件以来精神衛生法の一部改正が大きく動きはじめ保健所業務の展開の方向へと検討されはじめ，併せて保健婦の身分や業務に深い事柄が一斉にうごき出した感をもつようになった．委員会に負わされている使命の重大さを痛感するとともに，軽々に結論を出すべきでないことも感じた．
（以上保健婦問題対策委員会のなりたちと経過について，より要約）そ

して種々様々な問題を整理統合した．即ち
① 市町村に職場を持つ保健婦の身分が不安定
② 市町村，保健所との保健婦活動はいずれも公的なものであるが，保健婦の処遇が不均衡
③ 保健婦自身が保健婦業務に疑問を持つ様になり，仕事に対する意欲阻害のおそれ出る．
④ 保健婦業務の質の向上を図るための教育研修の機会が必要である．
⑤ これらの問題を総合して将来あるべき保健婦像の青写真をつくって欲しい要望あり

それらを基にして討議をすすめたわけであるが，医療問題との関係や看護制度改正案などを基本としての討議方針を固めておいて

Ⓐ "保健婦は何をなす者か"については39年9月に明らかな見解を出した「看護の概念」をもとに考えを進めた．

Ⓑ 保健婦活動の組織はどうあればよいか
公衆衛生行政事業の一環を任じている保健婦活動のその末端組織は保健所である．従来国保保健婦は管轄保健所業務遂行への協力や肩代わりをし続けている現実問題があるにもかかわらず，何のこだわりもなく国保保健婦がするものと考えられて来ており，不安定な身分と安い給料に耐えて来た．保健所保健婦は，数人以上の員数であるから教育研修の機会にも恵まれているのに国保保健婦は1〜2人で仲々その機会に出られない．研修期間中のブランクの問題と国保財政，事務職員や上司の理解の有無などがあり，その他には保健婦自からが国保行財政理解の努力不足と他職員に対し理解を深めようとする働きかけなども併わせて活動の組織体系を考えるというものである．（つまり円滑な活動を遂行するための組織）

Ⓒ 公衆衛生行政組織と保健婦の活動組織との関係はどうあるべきか
国や県の主体的事業と地域特性に適した活動がどこでどの様な関連を持ち，総合的に結びつけて行ったなら地域保健の普遍的活動が出来るかが中心問題で，この中に駐在活動とか保健所でその要の役をする者などが考え込まれている．

Ⓓ　現状を将来像に近づけるためにどのように努力すべきか
○　保健所の保健婦は保健所をはなれて地域活動をする体制
○　市町村に法的根拠による保健婦設置をして市町村の技術的衛生行政事業を推進させるべきである．
○　制度的設置がなされれば国保施設運営上の効果も期せられること，保健所をはなれて駐在する保健婦と市町村保健婦が合流し活動単位の形が図られる．
○　それぞれの場所で保健婦設置の目的に沿った活動をすすめることと行政ラインに並列する保健婦のポストを作ること．
　Ⓔ　医療施設と保健婦活動の結びつきをどうすべきか
　臨床看護と公衆衛生看護の連けい，医療施設との連けい如何が公衆衛生看護活動展開への重要なポイントをしめている．
　Ⓕ　保健婦に必要な教育はどうあるべきか
　看護の専門知識技術と共に対人，対社会において円滑な関係を保ち社会資源の協力が容易に得られる様に人間性の函養を図る必要及び現任者の教育について考え保健婦基礎教育の将来像を4年生大学に目標を置いた場合を想定するなどによって検討
　Ⓖ　保健婦の処遇はどうあるべきか
　学歴偏重，年功序列はそれとしても少なくとも保健婦が地域社会の住民の健康問題ととり組み効果的な活動を展開する場合，住民からうける信頼と業務の責任からも体面をつくさなければならない．社会的評価を高めながら処遇改善の必然性を自他共に認め合うことに向って考える．
　以上が討議内容の主なものであった．そして43年の報告から，公衆衛生看護活動組織についての提案の項においては
A　活動組織
　①　地域の段階
　　　人口約2万程度の地域を一単位とした指導所を設置し，地域保健婦2～3名の構成でうち1名を主任とする．
　②　保健所の段階（将来像の中でいう公衆衛生総合機関）
　　　看護課又は保健指導課をおき管轄地域内の保健婦活動を指導援助する．5～7名を1単位にし，1名の一般援助をする保健婦を置く．

③　都道府県の段階

　　看護行政の陣容を強化し，一般看護行政と平行して公衆衛生看護活動に対する直接間接の専門的援助の出来る体制をととのえる．尚その3段階の機能をいうと

B　Aの①は現在国保保健婦の行なう業務のすべてが該当

　②　の段階は，地域には全く入らないで地域活動者への連絡，所内連絡調整，教育など．

　③　は企画立案予算人事研修教育，調査研究という様な者となっている．更に進めて，これらを系統的に勉強するために

　　　イ　保健所と総合保健活動（パネルデスカッション）
　　　ロ　家族の保健指導をめぐって（パネル）
　　　ハ　世界における公衆衛生制度（シンポジウム）
　　　ニ　衛生教育に関する諸問題（どうすれば発展するか，パネル）
　　　ホ　公衆衛生と社会科学との関連（パネル）
　　　ヘ　医療保障自由集会，国保と市町村保健事業

　以上の様に第6回公衆衛生学会に参加して学んだのであるが，家族保健指導をめぐるシンポジウムは（石巻市の一事例を関谷保健婦から発表したもので）公衆衛生看護活動は家族集団が重要な対象になるという社会科学者の言葉に相通ずることを確認したわけである．

　そして，その3年後（45年）表現の一部に変えたいと思うところがあったけれども基本的な問題には変りないものである．時の流れはこうも表現を左右するのだろうかと感じながら反省されている．

　以上これが保健婦問題対策委員会が，東奔西走して資料収集されてまとめたものの極く簡単に要約した資料である．

　宮城県もこの資料をもとに各地方毎に研究討議をし，自由集会を開いた．当日の結論をもって昭和46年の本部総会に提案するために各地方で討議した結果を報告した．身分の一本化，人事交流にはあまり積極的態度ではなく賛否両論であった．

　保健婦の活動拠点（保健センター）を行政ラインからはずれたものにすることは容易でないだろうということ，など部分的意見はあったけれども資料全体から見た会員の意見ではなかった様に思えたのである．

(15) 保健所の機構改革について

　昭和12年に保健所法が制定されて宮城県は古川保健所を皮切りに14保健所が設置され，その中で保健所保健婦が行政の末端活動をして来た．昭和27年頃，石垣純二先生の言葉で公衆衛生の黄昏どきを言われたが，その後昭和42年頃に全国衛生部長会で基幹保健所構想が発表されて宮城県でも一部実施された．

　効率的運営を目的に事業の集中化がなされたと聞く．更に44年には保健所機構の再編構想などが出され，その頃から様々な関係者の中で調査，検討がなされつつ保健所問題懇談会，基調報告や保健所の将来像が打ち出されるに至ったのである．そして昭和48年に宮城県の保健所機構改革案が提示された．40年の保健所の歴史が飾られようとする時になって激動の渦が巻き起ったのである．県当局は社会構造や環境の変動に伴い時世に即応した生涯健康確保の方法の中において保健所を位置づけようとするもので慎重な検討がなされての事であろうと思われる．それに対し国保の保健婦は保健所保健婦の地域保健活動を展開する原動力にもなって来ており，今後尚一層発展させるためにも保健所保健婦の活動を重要視していたので保健所保健婦が地域から遊離することを心配したのである．

　保健所問題がこの様な経過で論議されてくる中で昭和35年の二局長四課長通牒に基づき，共同保健計画なども試みられながら保健施設事業を実施したが平等の共同にはならなかったことや，国保保健婦が市町村で充足されれば保健所保健婦の地域活動は必要でないだろうという声も各方面から聞かされた事などもあったけれども予期された程に国保保健婦の充足は進まず，又47年に国保保健婦に対する国庫補助要綱が変った結果「あるいは国保保健婦の増員計画は抑制されるのではないか」という不安が高まっていた矢先の事であったために保健所の機構改革によって地域保健活動が後退することを心配し，この改革を阻止しようとして躍起となったわけである．

　国保の保健婦が何故それ程まで積極的に動かなければならないのか不思議にさえ思われた程であった．県の総合開発計画に構想されている様

な方向に向けての健康確保がこの機構改革とどう結びつけられてゆくかは，第一線保健所によって決まるところも大きいと思われるが，とにかく保健婦会県支部として県議会厚生常任委員会を通じて申し入れた事項が血の通うものになってほしいと念じてやまない．

　＊陳情請願事項
　1．保健所の機構改革に当っては保健婦活動が充実するよう配慮されたい．
　2．保健所保健婦と市町村国保保健婦を大巾に増員されたい．
　3．住民の要望にこたえる保健所の機能強化をはかり保健婦の機能が充分はたせるようはかられたい．

(16) これからの地域保健の担い手として

　地域社会環境の変動は，いろいろな面において住民の健康を阻害する要因をなげかけ，ともすれば日常生活で精神的安定を欠くことさえある．又自分の健康保持にも自信を失い勝ちな住民は少なくない．

　際限のないこの健康障害の侵入を防犯し地域の健康と福祉を高めてゆけるには，その地域に住む一人一人の心に芽生える保健意識が大きく作用する．

　地域看護を担う者は，地域住民の一人一人の心に保健意識を芽生えさせ，それを育てその地域に大きく根を張り大木にさせるまで水と栄養を送り続ける役目を負っている．

　新しい生命の生まれる限り，この仕事が続きいつとはなしに保健福祉が今日より高くなって行くところもあろうと夢を持ち続けてゆきたい．
(この原稿は，宮城の保健婦；日本看護協会保健婦部会宮城県支部，に掲載されたものの再掲である)

乳幼児の保健と
母性教育について

今野　勝子

　這えば立て立ては歩めの親心で我が子のすこやかな成長を願わない親はございませんが，その望みをかなえることは言葉であらわす程に容易なものでしょうか．嬉しさと珍らしさと可愛さでたゞまんぜんと乳をあたえ，母親のみの都合のよい取扱かいを何時までも続けておりましたなら，申すまでもなく，母親の期待に叛いたものが知らず知らずのうちに芽生えて来ることでありましょう．

　私は，こうした育児えの正しい知識を身につけたお母さんが，一人でも多かったら一日も早く子供の幸せをあたえられ，明るい家庭や社会が生れることを信じて居る者です．

　戸敷820戸，人口約5100人，1戸平均6.2人，水田畑作を業とする農家約65％，その他商業と自由労務者で農業地帯としては比較的生活程度の中以上の石巻市に昭和30年1月1日合併したところであります．昭和17年より実施されております国民健康保険の施設として年1回乃至2回の乳幼児検診と妊婦検診を実施し，指導をしてまいりましたが，申すまでもなく，太平洋戦争を控えての当時の世相は保健指導にこそ変わりはないが，現在のそれとは全く異った目標の人口政策だったのであります．敗戦后の混乱，又その后の社会環境は一変し私達の働く場所は複雑になって来たわけであります．

　人間一生の幸福は先ず心身の健康から踏み出されるのでありまして育児指導も又身体と精神の両面から促すべきことは見のがすことの出来ない仕事でありましょう．

　昭和25年地域婦人の協力を求めて母親学級を開設し，母性の指導教育を致しまして，それを基礎とした若い母性の組織を育成しつつ新しい社会に生きるお母さん方の集団教育を継続してまいりました．

それと同時に昭和26年11月1日の乳幼児検診と隔月の妊婦検診を実施致して来ました．母性クラブに対する衛生教育は，婦人衛生から母子保健，一般衛生，労働者，老人の全般を取入れて，地区の衛生動向をのぞき乍ら実施したのであります．

數年間に亘る継続事業ではございますが，農家の家族構成と一般社会の生活習慣の中で，それは良いことだ，やるべきことだと充分しりつつもそれを直ちに実行出来ないのが若い母親なのであります．しっかりした堅い自信と家族の強い協力と理解を得るための訪問を続けたのです．しかし，老婆心と盲目愛はそう簡単にその効果は現わさなかったのであります．

早期離乳は子供の教育に大切であることは理解しても，計画を樹て，之を行うとしても実際はその時の都合や感情で破り捨てられ，又は一時，開始しても軽い便の性質の変化を見ただけで，元に戻ってしまいやりなおしもしないで遂に何時とはなし子供の欲する時にあたえる状態でありました．

こういう現実に在っても，母性クラブという強い組織力が必ず近い将来に於いて何等かの形で新しい社会を生み出して来れるであろうと思い

乳幼児衛生

			昭和25年	昭和26年	昭和27年	昭和28年	昭和29年	昭和30年	昭和31年	昭和32年
乳児	出生		151	144	151	146	121	114	106	110
	死亡		56.7%	67.6%	34.2%	46%	49.5%	17.6%	37.6%	54.4%
育児経過	授乳法	規則的			43　35.2%	46　50.5%	61　66.7%	58　66%		
		不規則			79　64.8%	45　40.5%	31　33.3%	30　34%		
	栄養別	母乳			93　76.2%	74　81.3%	70　76.1%	57　64.8%	61　59.2%	
		人工			10　8.2%	3　3.3%	8　8.7%	7　10.2%	5　4.8%	
		混合			19　15.6%	14　15.4%	14　15.2%	22　25%	37　35.9%	
	クル病発生率			20.3%	16%	9.4%	11.3%	7.1%	4.2%	5.3%
離乳開始	6ヶ月まで			17.5%	31.9%	32%	32.4%	36%	39%	58%
	8ヶ月まで			38.5%	45%	55%	51%	57.1%	44%	32%
	8ヶ月后			44.2%	23.9%	13%	16.6%	9.81%	17%	10%

現在までの病歴

	3才	4才	5才	6才	計
肺炎	11 10.5%	14 11.6%	8 5.2%	23 12.0%	56 9.85%
扁桃腺	8 7.6%	7 5.8%	6 3.9%	13 6.8%	34 5.94%
気管支	14 13.3%	12 4.9%	17 11.1%	19 9.9%	62 10.9%
消化不良	14 13.3%	19 15.7%	20 13.0%	26 14.8%	79 13.8%
腸炎	3 2.8%	5 4.13%	1 0.66%	4 2.8%	13
蛔虫症	5 4.75%	7 5.8%	9 5.9%	8 6.55%	29
百日咳	5 4.75%	3 2.5%	14 9.2%	13 10.8%	35
麻疹	37 35.1%	32 25%	55 56%	84 69%	208 36.5%
ヂフテリア		1		1	2
水痘	3	5	7	8	23
先股脱		4	4	4	12
その他	5	12	12	9	38
計	105 119%	121 132%	153 168%	191 154%	570 145%

ます．

去る8月23日昭和27年より30年までの4年間の出生児について調査と健康診断を実施し，いささか気のついた点をのべてみますと，一見でわかる身体問題については，伝染病予防栄養等忙しい乍らもどうやら関心が高まっている様ですが，扁桃腺肥大，虫歯の罹患は極めて多くこれ等が他の呼吸器消化管に及ぼす影響を考える時，この予防と早期治療のため早急に保健対策が必要であるので母性クラブに対する働き方も考慮中であります．

うがいの励行，夜間食の禁止，夕食後の歯みがき，一般食生活に於けるカルシューム燐の摂取等の指導がこれからの幼児指導の問題点の一つであります．

一方受胎調節の指導については，その効果も奏効してまいりましたが，それによって得られる時間の使い方で，貴重な時間を必要でもない子供えのお世話のためにろう費しているのではないかと心配される点が見られます．

母がしなければ当然子供自身していたことを取上げておせっかいをすることは子供の責任感を破り他力本願の依頼心をあたえることになります．発育経過に見える未完全離乳が

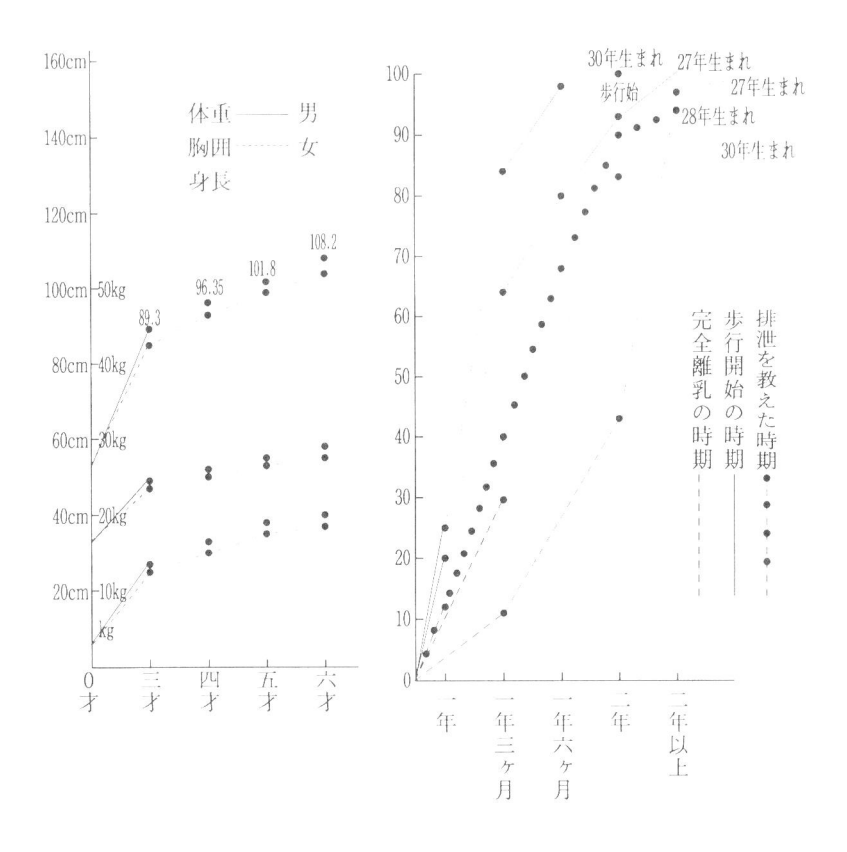

満3才で12.9％もあることも大きな影響の一つではないかとうかがわれます．

次に精神発育の状況で
1で79％がよく理解して素直であるように2．3．の問で（1）が案外多く見えるのは小供の性格年令等を考慮して躾ければ少くなると思われる．
4．一人子とか間隔の遠い場合に子供の言うなりになって我がままにしてるか又は親が注意が行きすぎて干渉された場合に出る関係

現在の精神発達の状況

調査種別	分類	6才	5才	4才	3才	計
(1)大人の言葉を理解し素直にしたがうか	したがう	92	66	56	48	262
	したがわない	30	32	36	37	135
(2)何でも人より多く物をほしがるか	ほしがる	75	54	63	52	244
	ほしがらない	47	31	32	32	142
(3)自分の気に合わないとかんしゃくをおこすか	おこす	77	47	69	60	253
	おこさない	45	38	21	24	128
(4)友人仲間でえばりちらすか	えばる	33	24	23	26	106
	えばらない	89	61	68	58	276
(5)動作作業について	はやくてよくする	69	49	28	53	209
	のろいがよくする	47	26	25	20	121
	のろくてしない	6	11	37	12	54
(6)人に乱暴をし乍ら自分の主張を通そうとわめき立てないか	します	43	25	37	37	142
	しません	79	60	54	47	240
(7)自分のことをかくし立てないか	します	20	15	17	14	66
	しません	102	70	74	68	314
(8)自分の身まわりのことを自分でするか	する	86	49	41	24	200
	しない	36	36	51	60	183
(9)兄弟姉妹とむつまじいか	あそぶ	103	80	92	70	245
	あそばない	151	4	2	11	32
(10)食べ物にすききらいがないか	ある	68	27	29	63	187
	ない	54	59	63	21	197
(11)家族の誰が一番世話するか	父母	88	48	72	55	263
	祖父母	28	31	21	25	105
	その他	6	11		4	17
(12)玩具は年令を考えてあたえるか	考えてあたえる	53	38	82	52	225
	考えずにあたえる	41	40	11	21	113
	全くあたえない	28	8	1	11	48
(13)小使いは毎日使いますか	使う	99	59	66	53	277
	使わない	23	22	29	31	105

衛生概況

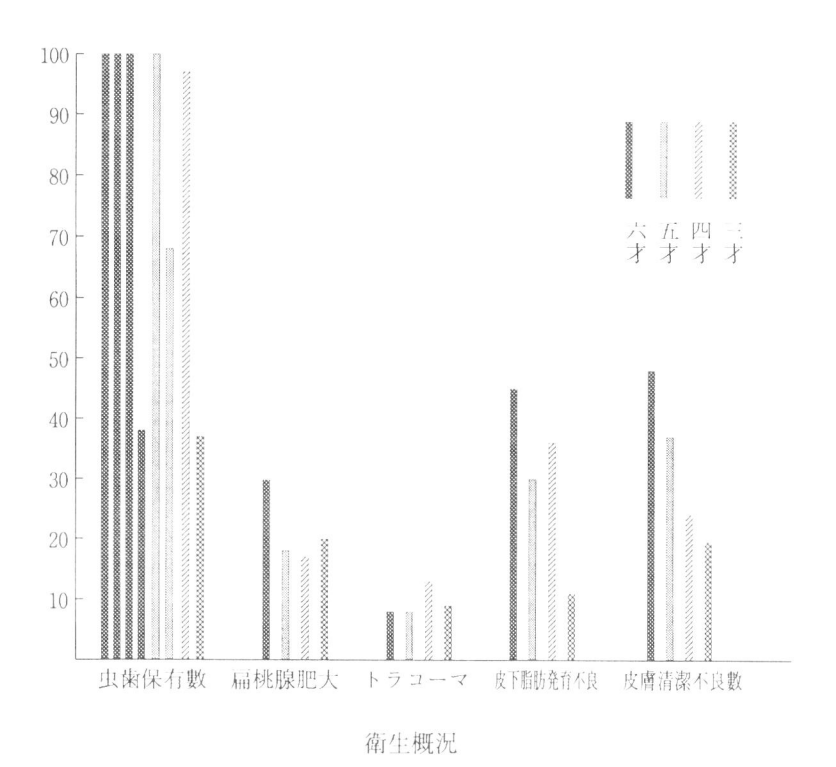

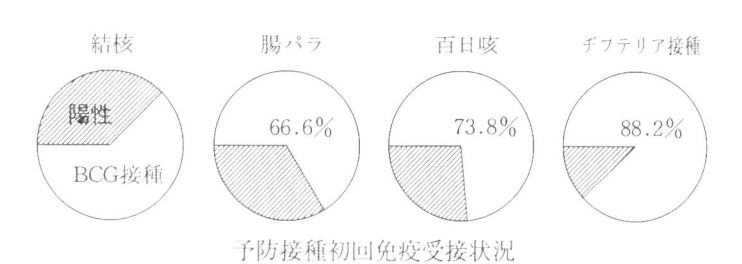

予防接種初回免疫受接状況

5．特に感じられたことは，のろくてしない者は數にしては少いが祖父母の手がかりが大部分である
7．かくす子供の家族関係叱り方に研究が要ると思う
8．満6才でしない者が33.9％もあるのに入学をひかえ母親が急にあせり出すことが予想される
10．離乳期の食品の組合せ方で工夫し，保健に対する話題などで指導すべきである
13．小使いでありますが，6才では81％が5円～30円を使い満3才ですら既に60％が使っている．これは金をあたえる者が誰であっても家族全体で話し合って真の愛情をよく理解し，子供のお世話をして下さったならどんなにか将来が明るく楽しみにして待たれることでありましょうか．

　今后の母性に対する育児指導の強化となごやかな連繋のとれた家庭環境に導くことの如何に大切かが新しく感じられたわけで，こんなわづかな問題を調査したのみで躾けを云々決定づけられるわけではありませんが，私の今までの育児衛生に対して実施した保健施設事業から将来の社会人を作る諸問題としてその一部を担うことではないかと思いまして発表するものであります．

年表

年・月	今野勝子および石巻市保健婦の動向	保健施設活動等の概況
1955 (昭和30年) 1月	蛇田出張所にて保健婦として勤務	・蛇田村・荻浜村と石巻市合併.
1959 (昭和34年) 4月	蛇田出張所より本庁勤務となる. 保健婦数 5 人 (新採用　2人) (渡波支所　2人)	・渡波町と石巻市合併. ・旧渡波町の保健婦はそのまま渡波支所に勤務し,本庁,支所と独自の活動をする. ・石巻市機構改革. 国民健康保険課設置. 4月1日より全市域に国民健康保険事業開始. 市報,地方新聞により, 市民に国民健康保険事業テキストと保健婦活動の周知を図る. ・各種関係統計作成のため資料の収集に努め,活動の進め方について検討し, 同時に足で, 目で実態把握に努力. ・夜間における衛生教育は, 市民との触れ合いを深め, 実生活を知り, 生の声を聞くとともに,保健婦の仕事を市民に知らせる機会であるとして, その要望に全面対応することとした.
1960 (昭和35年) 4月	保健婦数 7 人 (新採用　2人) (荻浜駐在　1人)	・5月24日のチリ地震津波による被害の大きい荻浜地区住民への保健管理の必要高く, 駐在制を実施. ・血圧測定に対する市民の要望高く, 全町内で年1回の血圧検診実施に至る. ・月齢 6 か月以上 1 年未満の乳児を 9 月, 3 月の年 2 回赤ちゃんコンクール参加の乳児検診を衛生課が実施. これに協力. ・業務測定開始. 年間計画を合併地区を含む全体計画とし, 月1回連絡会議を開催.
1961 (昭和36年) 4月	11月　主任保健婦の辞令 保健婦数 6 人 (退職　1人)	・年間計画に幼児検診を試み, 指導の間隙から問題を把握しようと, 3 歳児を対象とする. 実施時期は 9 月とする. ・3月をもって荻浜駐在制を廃止したが, 以後 2 か月間保健婦 3 人が, 10日交替で出張駐在する. ・児童福祉法による 3 歳児検診が 8 月14日厚生省より告示さる. 3 歳児検診1,171人実施. ・2〜3月児検診を保健所において実施. 診察の結果X線撮影を必要とする者に実施するも, この4月以降全乳児の撮影をすることとなる.

年・月	今野勝子および石巻市保健婦の動向	保健施設活動等の概況
1962 (昭和37年) 4月	保健婦数 6人 (新採用　2人) (退職　　2人)	・旧市内分の乳児検診を石巻保健所で，渡波，荻浜，蛇田地区乳児検診を石巻市医師会に委託して，出張検診を実施する． ・荻浜，田代島地区について部落別に担当保健婦を決め，それぞれ協力者を置く． ・保健活動協議会を開催．石巻保健所，市衛生課，国保課の関係係． ・全地区に保健補導員を設置し，5月委嘱発令し，保健婦活動の説明と補導員にお願いする役割について説明する．
1963 (昭和38年) 4月	保健婦数 8人 (新採用　2人)	・保健係を新設し，保健婦業務に関するすべてを統括． ・学区ごとに地区担当保健婦1名と，協力保健婦1名を配置した．業務担当係として母子，結核，成人病係を決めた． ・荻浜，田代島地区の訪問に水先案内船（北上）の運行を利用． ・医師不在時の予防接種行為を，保健婦に協力させることについて，中止したい旨を申し入れた． ・保健補導員全体会議を初めて開催する． ・高血圧予防モデル地区を設定し，向後3か年継続事業対策とした． ・袋谷地区住民の検便を実施し，40％近い肝ジス保卵者が検出された．
1964 (昭和39年) 4月	保健婦数 9人 (新採用　1人)	・本年度より，予防接種に保健婦が従事することを，全面中止とする． ・昭和35年から5か年計画で結核検診全市100％実施の目標を達成する． ・前年に継続し，袋谷地区住民の肝ジス保卵者の精密検診を東北大学の協力指導により実施．検診費1,800円を受検者の個人負担とした．これに並行し，同地区の生活環境調査を実施．地区住民代表より，精密検診と陽性者全員検診の費用の助成を市に求める陳情あり． ・全地区の血圧検診を実施し，その他にモデル地区対策を推進する． ・保健婦に自動車運転免許受験の機会が与えられた．

年・月	今野勝子および石巻市保健婦の動向	保健施設活動等の概況
1965 (昭和40年) 4月	保健婦数10人 (新採用　1人)	・田代島住民の健康調査を実施．田代診療所医師，東北大学，石巻保健所の協力によりへき地医療対策費により調査カード作成． ・石巻市の精神障害者実態調査を開始．昭和41年5月までに終了し，向後の保健対策計画に組み入れる． ・全地区の血圧検診と二次検診を，前年に継続実施．38年より3か年計画で実施を継続した高血圧予防モデル地区対策を一応終結し，報告会を行った． ・乳児検診を全面的に石巻市医師会に委託することとなる． ・結核管理カードを市国保独自の作成により患者管理を実施．
1966 (昭和41年) 4月	保健婦数10人	・子宮癌検診開始．保健婦が問診に従事する． ・医師会と助産婦会の協同により衛生課主体の母親教室開設．教科内容は保健婦が検討し，テキスト作成． ・血圧検診を本年度より全市を二分し，隔年実施とする．へき地に重点を置くこととした． ・荻浜，田代島地区の血圧検診は毎年実施する． ・渡波地区を対象に検便実施（地区調査の目的で）．50％の陽性率．
1967 (昭和42年) 4月	保健婦数12人 (稲井支所　2人)	・稲井町と石巻市合併． ・旧稲井町の保健婦2名は，そのまま稲井支所に勤務となる． ・健康相談室設置． ・毎週火曜日を妊婦相談日とし，市民課母子手帳交付係と連携し，妊娠届時に相談するよう働きかけた． ・荻浜地区住民を対象に検便を実施．
1968 (昭和43年) 4月	保健婦数9人 (稲井支所　1人) (退職　3人)	・助産婦による新生児訪問指導を強化するために指導要綱を作成することになり，保健所保健婦，市保健婦，助産婦会から代表を出して，新生児訪問指導委員会を構成して内容の検討を行い，1970（昭和45）年まで継続して終わり，医師会の小児科および産婦人科部会の監修を得て，1971（昭和46）年助産婦会の名における訪問要綱を完成し，各助産婦に配付した． ・精神障害者家族会（稲井地区）を石巻市の家族

年・月	今野勝子および石巻市保健婦の動向	保健施設活動等の概況
1968 (昭和43年) 4月		・会(さくら会)として新発足. ・寄生虫検便を稲井地区調査の目的で実施する.
1969 (昭和44年) 4月	保健婦数9人 (稲井支所　1人) (新採用　1人) (退職　3人)	・湊地区の地区調査を保健補導員の地区活動として実施.443世帯の生活状況を調査し,その結果を「保健だより」として発行し,その中の希望,意見に対しての回答を,各関係課から受けたものも合わせて掲載し,調査地区各世帯に配布した. ・医師,助産婦で実施していた母親教室を医師と保健婦が担当することになった. ・今まで実施してきた妊婦検診は不要であるとの産婦人科医の意見が強く出され,翌年度より中止することに決定. ・国民栄養調査を釜地区36世帯,188名を対象に実施.
1970 (昭和45年) 4月	保健婦数10人 (新採用　3人) (退職　2人)	・4月10日稲井地区2部落に赤痢集団発生.総数84名.10日から28日まで管理指導続行. ・乳児検診における股関節異常が多すぎると保健所より問題提起され,関係機関と協議の結果,複数医の読影と,臼蓋形成不全と股脱児の事後対策については,経過観察検診を実施することとなった. ・国保保健婦活動推進に対する県費助成が成される.
1971 (昭和46年) 4月	保健婦数11人 (新採用　1人)	・3歳児検診の実施について保健所の強力な要請に対し,11月から月2回実施することになった.(宮城県で3歳児検診の未実施地区は石巻市だけである) ・市の総合計画策定作業が行われ,保健事業における計画を提出. ・3月に厚生省の指導監査実施.
1972 (昭和47年) 4月	8月　保健係長辞令 保健婦数11人 (新採用　1人) (退職　1人)	・母子保健推進活動に対する県費助成要綱が出され,国保の保健補導員の行う母子保健活動を適用させることについて,保健所母子係の助言により申請し交付を受ける. ・自動車排気ガスによる人体呼吸器障害調査のため,9月中央地区住民100人を対象に行った県の事業に協力. ・1月より乳児検診の個人通知を廃止し市報で周

年・月	今野勝子および石巻市保健婦の動向	保健施設活動等の概況
1972 (昭和47年) 4月		・知, 軌道にのる. ・釜工業団地周辺に集団皮膚疾患発生の情報あり. 実態調査を実施. 稲井地区のダスト放棄場周辺地区の調査も合わせて実施.
1973 (昭和48年) 4月	保健婦数11人 (新採用 1人) (退職 1人)	・前年に続き, 釜地区, 稲井地区の集団皮膚疾患状況調査訪問実施. ・自動車排気ガスによる中央地区住民の健康調査(呼吸器検診)続行. ・衛生教育用映写機 (16ミリ) 購入. ・青年の婚前衛生教育希望出る.
1974 (昭和49年) 4月	保健婦数12人 (新採用 1人)	・保健補導員の報酬倍額になる. ・保健補導員設置要綱創設. ・釜地区に発生した皮膚病関係の検診を, 6月から9月まで毎月実施するとの県の方針が出され, これに協力し釜地区, 稲井地区でそれぞれ実施する. ・県が医師会に委託して1〜2か月児, 8か月児検診を行うについて, 小児科部会との打ち合わせを行い, 1975 (昭和50) 年1月から月齢1〜2か月児までに1度の委託検診実施に及んだ. 実際検診は3月から開始となる. 7名の検診医が火曜日と木曜日の2班に分かれ, 予約申し込みをとって実施. ・稲井地区, 荻浜地区の寄生虫調査を実施. 2,666名受検. (予防医学サービスセンターに委託) 厚生省の指導監査が11月に実施された.
1975 (昭和50年) 4月	保健婦数13人 (新採用 1人)	・保健補導員勤続10年に達した者の表彰規定を設けた. ・乳児検診に係るレントゲン代金が協議会において10%引き上げ決まる. 前年度1,000円, 本年度1,100円. (うち受検者自己負担600円). ・荻浜地区寄生虫調査検便を蟯虫検査にし, 稲井地区はその他の虫卵とした. ・3歳時検診でのむし歯罹患率87%と高く, 年齢を低めての検診, 予防指導が必要となる. ・脳卒中後遺症者の実態調査を保健補導員の協力により実施. 433人の調査を行う.

1977(昭和52)3月31日退職

年・月	今野勝子および石巻市保健婦の動向	保健施設活動等の概況
1976 (昭和51年) 4月	保健婦数12人 (新採用　1人) (退職　2人)	・健康相談室を設け，相談開始． 　(昭和51年1月より) ・東浜地区に，かきホヤ喘息と称される症状が多発し，アンケートによる調査を実施した． ・1歳6か月児から1歳11か月児（向陽町地区）のむし歯検診と予防指導対策開始． ・歯科衛生士を採用しての歯科対策について，国保運営協議会に提案される． 　(昭和51年4月歯科衛生士を採用)
1977 (昭和52年) 3月31日	退職	

おわりに

　1977(昭和52)年，今野さんは定年退職までの日々，仕事の合間をみては，今までの保健婦業務のまとめを，統計表なども入れながら，こつこつと書いていました．同じころ，昼食後のゆっくりできる時間に，目を細め，たばこをおいしそうに吸いながら，……「百日咳に罹った娘を家に寝かせたまま，仕事に出かけて，息がしているかどうかハラハラし，母親として本当に申し訳けないと思った」ことや，「母性クラブの活動」，「駆虫対策で回虫が排泄された話」……等々を，断片的にぽつりぽつりと話してくれました．

　私はこの話を聞かされて，保健婦活動の原点は変わらないんだと思い，いつか「今野さんの歩み」を体系的に聞いてみたいと思うようになりました．しかし，その「いつか」の機会が作れず，心にひっかかった状態で年月が過ぎ去っていったのです．

　1991(平成3)年にやっとその時が来ました．松島で開催された「第12回東北地区自治体に働く保健婦のつどい」の記念講演に，今野さんの承諾を得て「私の保健婦活動」という題名で話していただくことができたのです．この時の講演は，東北各地から集まったたくさんの保健婦たちに大きな感動を与えましたが，今野さんは当時74歳でしたが，この年齢にはとても思えない若々しさで，農協の保健婦として自転車で農家を回り活動していました．

　その後，「自治体に働く保健婦のつどい」が，先輩の活動を綴る「予防活動に生きる」シリーズの出版に取り組み始めましたが，東北地区では「今野さんの歩み」をということで，今野さんに白羽の

矢が当たりました．そして，「保健婦のつどい」事務局の菊地さんや「やどかり出版」の西村さんたちが，石巻まで来て打ち合わせを行い，作業がスタートしたのです．

　私は，今野さんとは20歳ほども年齢の差があり，就職当時は何となく近寄れない存在のように思いました．当時はどこに行くにも自転車で，荷台には重い体重計をくくりつけて走りました．しかし，今野さんはいつも私たち若者以上にすごいスピードで走り，そして，半島や離島を泊まりがけで歩いた時も，背筋をぴーんと伸ばし，若い保健婦も負けてしまう体力と気力の持ち主でした．

　また，保健婦業務を進めるための職場会議では，私たちが理想を高くして激論し合っても，決まったことは皆で実行し，いつも前向きに仕事をさせてもらえました．そして，何よりも今野さん自身が大の勉強家でした．

　80歳を過ぎた今野さんが，今回も正確な記憶をもとに，膨大な原稿を書かれたことには，ただ驚くばかりです．長い間大切に保管されていた貴重な資料も，今野さんのご好意によって寄贈いただき，新たに私たちが取り組んだ「保健婦資料館」（長野県穂高町）に展示することができました．今野さんの温かい行為に心からの感謝の気持ちでいっぱいです．今野さんほんとうに有難うございました．

　たくさんの保健婦たちが，この本から日本の保健婦のありのままの歩みを読み取り，混沌とした状況の今の時代に，ひとすじの道を開くことができたらと思います．

　最後にご協力いただいたご家族の今野久子氏とやどかり出版の方々にお礼を申し上げたいと思います．

　　　2002年6月

　　　　　　　　　東北地区自治体に働く保健婦のつどい
　　　　　　　　　運営委員　関谷　敏子（宮城県石巻市）

今野勝子の歩み編集委員会
　関谷　敏子　　蓜島　洋子
　長沼　真弓　　辺見美恵子
　菊地　頌子　　山本　民子
　山本　訓子（絵）

予防活動に生きる・4

大地に生き人々に育てられて
ふり返れば保健婦の道

2003年1月18日発行
著者　　今野　勝子
編者　　今野勝子の歩み編集委員会
　　　　全国保健師活動研究会

発行所　やどかり出版　代表　増田　一世
　　　〒330-0814　さいたま市染谷1177－4
　　　TEL 048－680－1891　FAX 048－680－1894
　　　E－mail johokan@yadokarinosato.org
　　　http://www.yadokarinosato.org
印　刷　やどかり印刷